Quedens · Nationalpark Wattenmeer

Georg Quedens

Nationalpark
Wattenmeer

Breklumer Verlag

© 1988 Breklumer Verlag, 2257 Breklum
Bildnachweis: Alle Fotos vom Verfasser
Gesamtherstellung: Breklumer Druckerei Manfred Siegel KG
Printed in Germany
ISBN 3-7793-1129-1

Inhalt

Einleitung 7

Wattenmeer – Werden und Wandel 8

Schlick, Sand und Priele 12

Atem des Meeres – Ebbe und Flut 14

Funde im Flutsaum 17

Bernsteine 22

Kribbeln und Krabbeln im Watt 23

Seehunde und Kegelrobben 36

Vogelwelt im Wattenmeer 41

Flora zwischen Land und Meer 48

Inseln, Halligen und Festlandsküste 55

Warften, Deiche, Küstenschutz 71

Austernzüchter und Miesmuschelbauern 78

Mit dem Krabbenfischer hinaus 87

Leuchttürme, Baken und Bojen 93

Strandungsfälle und Rettungswesen 102

Von der Seefahrt zum Fremdenverkehr 107

Im Wattenmeer lauert der Tod 114

Naturlandschaft in Gefahr 119

Naturschutz und Nationalpark 122

Jahreszeiten am Meer 125

Literatur – Auswahl 128

Wattenwanderung

Einleitung

Im Wattenmeer knistert das Leben. Wenn man auf dem Deich der deutschen Nordseeküste oder am Strande von Inseln und Halligen steht, hört man bei Ebbe und windstillem Wetter ein feines Flüstern im Watt – hervorgerufen von einem Millionenheer von Schlickkrebsen, die hier nahrungssuchend umherkrabbeln. Dicht an dicht sind Brückenbalken und Uferschutzwerke von Seepocken besetzt und überall ruhen Strandschnecken und warten auf die Wiederkehr der nächsten Flut. Auf Sandwatten dehnen sich über Quadratkilometer hin die »Sandkringel« der Wattwürmer und hektargroß liegen schwarzblaue Miesmuschelbänke auf festen Kanten der Wattenpriele. Alle diese Tiere sind die auffälligen Zeugen des Tierlebens in Sand und Schlick, aber viele andere bleiben dem Auge des flüchtigen Wattenwanderers verborgen, weil sie ein unterirdisches Dasein führen.

Die Vielzahl des Wattgetiers bedingt das Dasein unzähliger See- und Strandvögel. Möwen, Seeschwalben, Austernfischer und andere Regenpfeiferarten, Brandgänse und Eiderenten finden hier reichliche Nahrung und brüten sommertags im Gelände der Inseln und Halligen sowie in der küstennahen Marsch. Ebenso fallen hier Scharen von Strandläufern und Wildgänsen auf ihrem Durchzug im Herbst und Frühjahr zur Nahrungssuche ein.

Das Wattenmeer ist aber auch der Lebensraum von Seehunden und Kegelrobben. Auf hohen Sänden, die bei Ebbe trocken fallen, haben sie ihre Ruheplätze und liegen dort in Rudeln, um sich zu sonnen. In den Prielen und Wattenströmen stellen sie den Fischen und Krebstieren nach. Auf Ausflugsfahrten und Wattwanderungen lernt der Besucher der Nordseeküste diese eigenartige Landschaft im Wechsel von Land zu Meer bei Ebbe und Flut kennen.

Neben den Tieren prägt eine spezialisierte Pflanzenwelt die Nordseeküste mit ganz unterschiedlichen Arten auf Salzwiesen und am Wattufer und auf dem sandigen Strand und in den Dünen. Allen aber ist gemeinsam die Anpassung an Salzluft und Seewind und an andere extreme Bedingungen ihres Lebensraumes.

Aber auch der Mensch gehört in diese Landschaft am Meer, die er seit über tausend Jahren in ständiger Auseinandersetzung mit den Naturgewalten durch Küstenschutz und Landgewinnung entscheidend mitgestaltet. Und das Ringen um Leben und Land hat eine dramatische Geschichte zu verzeichnen. Der Mensch lebt hier als Schäfer auf dem Deichvorland und als Viehzüchter auf einsamen Halligen, als Frachtschiffer und Krabbenfischer und in anderen Berufen, die mit der Seefahrt und ihrer Sicherung verbunden sind. Vor allem aber leben die heutigen Küstenbewohner hier als Zimmervermieter und Pensionswirte für erholungssuchende Sommergäste. Und für diese ist eine vielfältige und intakte Natur ein entscheidender Erlebnis- und Erholungsfaktor.

Jahrelang sind das Wattenmeer und die Nordsee in den Schlagzeilen der Medien gewesen und bis heute nicht herausgekommen. Es ging und geht um die Bedrohung dieser einzigartigen Landschaft, die nicht nur für eine spezialisierte Tier- und Pflanzenwelt, sondern auch für den Menschen von lebenswichtiger Bedeutung ist – sei es zu Erholungszwecken oder als Ernährungsquelle durch die Fischerei. Diese Bedrohung entsteht vor allem durch die Gift-, Chemie- und Schwermetallfrachten aus den Flüssen der Anliegerstaaten rund um die Nordsee, durch Säureverklappung auf See und durch die Ölpest aus Schiffen und Ölbohrstellen. Seit Jahrzehnten weisen Naturschutzorganisationen auf diese Gefahren hin.

In den Jahren 1985/86 wurde das Wattenmeer vor der schleswig-holsteinischen und niedersächsischen Nordseeküste zum »Nationalpark« erklärt und erhielt damit den strengsten, internationalen Status des Naturschutzes.

Wattenmeer – Werden und Wandel

Wo heute das Wattenmeer liegt, war einmal Land – wie es auch umgekehrt Land gibt, wo früher Wattenmeer war. Die großräumigen Landschaftsveränderungen an der deutschen Nordseeküste standen in Zusammenhang mit der Eiszeit und spielten sich im wesentlichen während der letzten Jahrzehntausende ab. Als sich vor etwa 20 000 Jahren das Erdklima erneut erwärmte und die Gletscher der bisher letzten Vereisung, die bis zur heutigen schleswig-holsteinischen Ostseeküste und bis in das nördliche Nordseebecken vorgedrungen waren, abzuschmelzen begannen, strömten von den Nord- und Südpolkappen sowie von den Hochgebirgen sintflutartige Wassermassen in die Ozeane und bewirkten einen weltweiten Anstieg des Meeresspiegels. Dieser Anstieg wird von Geologen auf mindestens 80 bis 100 Meter veranschlagt.

Solange die Eiszeit dauerte und entsprechende irdische Wassermengen in den Gletschern gebunden waren, lag das Nordseebecken bis über die Doggerbank hin trocken. Und hinter dem hohen Geestrücken dieser Bank mündeten die großen Flüsse Elbe, Weser, Ems, Rhein, Themse und andere ins Meer. Dann begann diese Landschaft mit ihren aus vorherigen Eiszeiten aufgeschobenen Höhen und dazwischenliegenden Marschen, Mooren und Bruchwäldern allmählich zu ertrinken. Und die Tiere, Mammut, Wildren und urzeitliche Hirsche, von denen noch heute versteinerte Geweihe vom Meeresboden gefischt werden, kamen um oder mußten weichen, wie die frühen Steinzeitmenschen, die in diesem Raume jagten.

Der Anstieg des Meeresspiegels vollzog sich in sogenannten Transgressionen zeitweilig langsamer, dann schneller. Je nach Höhenlage verwandelte sich die Landschaft an der Nordseeküste in eine Welt zahlreicher Inseln, die sich zunehmend auflösten. Gezeitenströmungen und Tidenhub verstärkten ihre Wirkungen und bei großen Sturmfluten rissen ganze Moorböden hoch und trieben mit den noch darauf stehenden Bäumen umher. Es scheint, als ob der Meeresspiegel in den Jahrhunderten vor Beginn der Zeitrechnung am höchsten war und bis an die Geestränder von Schleswig-Holstein und Niedersachsen flutete, um in der Folgezeit fruchtbare Marschen mit dem Material des vorher zerstörten Landes abzulagern. Marschenland wächst etwa einen halben Meter infolge von Spring- und Sturmfluten über dem Mittleren Hochwasser auf. Aber die anhaltende Reduzierung des Lebensraumes veranlaßte die hier ansässigen Völkerschaften, Cimbern, Teutonen, Ambronen und andere, zur Abwanderung. Um diese Zeit blieben nur die drei hohen Geestinseln Sylt, Föhr und Amrum sowie Helgoland und einige legendenhafte Inseln vor der West-Ostfriesischen Küste bewohnt.

Nach einer vorübergehenden Stillstandsphase bildeten sich vor weiten Strecken des jungen Marschenlandes Strandwälle aus See- und Dünensand, die lange Zeit wie Deiche wirkten. Das Marschenland verwandelte sich dabei jedoch infolge der stauenden Nässe teilweise in eine Moor- und Schilflandschaft, bis es in den ersten Jahrhunderten nach der Zeitrechnung zu einem erneuten Anstieg des Weltmeeres und zu Durchbrüchen der Strandwälle kam. Über Schilf und Moor lagerte sich abermals Schlick ab und führte wieder zur Entstehung von Marschen mehr oder weniger großer Mächtigkeit. Aber parallel zu dieser Entwicklung erfolgte die Zurücksetzung der Küstenlinie, schließlich die Auflösung der Landflächen in eine zerrissene Welt von Inseln und Halligen. Schon im 8. Jahrhundert waren Friesen von der südlichen Nordseeküste bis zur Weser und weiter in den Raum des heutigen Nordfriesland eingewandert und nahmen weite Teile des Landes in Kultur, schützten das niedrige Land aber auch durch Deiche. Diese Deiche hielten den großen Sturmfluten des Mittelalters jedoch nicht stand, und die Geschichte berichtet von dramatischen Landverlusten, von ständigen »Ausdeichungen« und dem Untergang ganzer Ortschaften mit tausenden von Toten. Ein solches Ereignis war beispielsweise die Sturmflut von Anno 1362. Sie zerstörte den bedeutenden nordfriesischen Hafenort Rungholt »und verdränkede dat meiste Volk in den Uthlanden«, wie man den Landschaftsbereich im heutigen nordfriesischen Wattenmeer damals nannte. Diese Sturmflut wirkte sich an der ganzen Nordseeküste aus. Der Jadebusen und der Dollart rissen ein und auch dort gingen etliche Kirchspiele verloren.

Weitere Sturmfluten setzten das Vernichtungswerk fort, bis dann im Oktober 1634 mit dem Untergang der Insel Alt-Nordstrand im Zentrum des nordfriesischen Wattenmeeres Nordsee und Wattenmeer ihre größte Ausdehnung in geschichtlicher Zeit erreichten. Überall war die Nordsee mit buchtenartigen Einbrüchen in die Festlandküste gedrungen und es bedurfte großer Anstrengungen der Küsten- und Inselbewohner, um die Deiche zu reparieren und weitere Landverluste zu verhindern. Das Bild der Küstenlinie, so wie es heute auf der Landkarte zu sehen ist, vollendete sich im wesentlichen im 17. Jahrhundert, abgesehen von etlichen Buchten, die durch Neulandgewinnung und Bedeichung bis in unsere Zeit hinein wieder »begradigt« werden konnten.

Schlickwatt bei Ebbe

Auflaufende Flut

Schlick, Sand und Priele

Watt ist Meeresboden, der bei Ebbe trocken fällt. Das kann Felsengrund sein, wie beispielsweise an Atlantikküsten oder rund um Helgoland, feste Sand- oder weiche Schlickwatten, wie an der Nordseeküste der Niederlande, der Bundesrepublik und Dänemark, aber auch an anderen Küsten der Welt. Denn überall gibt es Ebbe und Flut und fallen Strandzonen in mehr oder weniger großem Umfang frei, mit Ausnahmen steil ins Meer abfallender Felsenklippen.

In unermeßlichen Weiten liegt vor den Deichen der Nordseeküste und rund um Inseln und Halligen das Wattenmeer, vom Festlande aus gerechnet bis zu 40 km weit hinaus. Im Bereich der deutschen Bucht ist die bei Niedrigwasser, dem tiefsten Stand der Ebbe, trocken liegende Fläche etwa 3 500 Quadratkilometer groß.

In der verbreiteten Vorstellung verbindet sich der Begriff Watt mit Schlick. Aber Schlickwatten machen nur einen kleinen Teil des Wattbodens aus. Schlickwatten bestehen aus feinsten tonigen Sedimenten, die über die Flüsse ins Meer gelangen, aber auch aus zermahlenen Überresten von Tieren und Pflanzen sowie aus Plankton. Schlick schwimmt in großen Mengen im küstennahen Wattenmeer, das dadurch ständig eingetrübt ist. An strömungsruhigen Stellen, vor allem im Lee von Inseln und Halligen lagern sich mit jeder Flut Teile dieser Sedimente ab, insbesondere auch innerhalb der Lahnungsfelder, den Buhnen für die Landgewinnung. Hier handelt es sich faktisch um ein System künstlicher Buchten mit entsprechendem Beruhigungseffekt für Strömung und Wellenschlag. Ohne Landgewinnung und ohne Dammbauten zu Inseln und Halligen, die den gleichen Effekt erzielen, wäre der Anteil von Schlickwatt an der Nordseeküste sehr viel geringer. Schlickwatten aber gehören hinsichtlich der »Biomasse«, der Lebensdichte einiger Tierarten, zu den wertvollsten Lebensräumen im Watt.

Wer an warmen, windstillen Sommertagen durch Schlickwatten wandert oder bei auflandigem Wind am Wattufer steht, verspürt einen »stinkenden« Geruch in der Nase. Die organischen Sedimente im Schlick werden von Bakterien unter Verbrauch von Sauerstoff abgebaut. Schließlich bildet sich Schwefelwasserstoff, der einen »faulen« Geruch verbreitet. Schwefelwasserstoff verbindet sich mit dem im Wattboden vorhandenen Eisenhydroxid zu schwarzem Eisensulfid und verleiht dem Schlick, aber auch den unteren Bodenschichten im Misch- und Sandwatt eine blauschwarze Färbung. Mischwatten mit anteiligen Mengen von Schlick und Sand bilden oft den Übergang von Schlickzonen zum Sandwatt, können aber auch in großen, isolierten Flächen vorhanden sein. Hier vor allem ist der Lebensraum verschiedener Muschelarten und Würmer, deren unterirdisches Dasein teilweise durch Spuren an der Oberfläche ersichtlich ist. Am auffälligsten sind die Kothäufchen, die charakteristischen »Sandkringel« des Wattwurmes. Beim Graben stößt man aber auch bald auf Blutfaden- und Seeringelwürmer.

Wattwürmer leben auch noch im reinen Sandwatt, doch ist die Besiedlungsdichte wesentlich geringer. Im Sandwatt, auf dem festen Boden der Oberfläche, haben Strömung und Wellenschlag oft ein mehr oder weniger ausgeprägtes Muster von Rippelmarken gebildet, die sich jedoch in der Regel schon bei der nächsten Flut wieder verändern. Sandwatten sind im großen und kleinen oft in Bewegung und deshalb ein unsicherer Lebensraum für Tiere und Pflanzen.

Ohnehin haben Fauna und Flora des Wattenmeeres mit ständig schwankenden Lebensbedingungen zu tun. Während der Salzgehalt der Nordsee etwa 3,3 % beträgt, kann in den Pfützen und Senken des Wattbodens bei Ebbe an heißen Sommertagen infolge der Verdunstung die Salzkonzentration um einige Promille ansteigen. Umgekehrt kann das Salzwasser bei anhaltendem Regen erheblich aussüßen. Ebenso sind im Wechsel der Gezeiten, aber auch der Jahreszeiten erhebliche Temperaturschwankungen zu verzeichnen. Im Sommer steigt die Oberflächentemperatur bis zu 30 Grad Celsius, vermindert sich dann aber in kurzer Zeit durch die aufsteigende Flut um die Hälfte, entsprechend der Wassertemperatur. Während das Wattenmeer im Sommer durch die Abgabe der Bodenwärme nach der Überflutung wärmer ist als die freie Nordsee, tritt im Winter der umgekehrte Effekt ein. Die Kälte, die der Wattboden bei Ebbe aufnimmt, wird in das Flutwasser geleitet. Salzwasser gefriert bei Minus 1,7 Grad, so daß es bei Frost relativ schnell zur Eisbildung im Wattenmeer kommt.

Wenn man bei Ebbe auf dem Deich oder am Strand einer Insel steht und über das Watt blickt, erscheint diese Landschaft wie eine tischebene Weite ohne Strukturen. Aus der Höhe eines Möwenfluges ergibt sich jedoch ein ganz anderes Bild. Das Watt ist in allen Bereichen von Prielen und Strömen zergliedert. Priele beginnen auf den hohen Sand- und Schlickwatten mit einem Geäst unzähliger kleiner

Rinnsale, die sich zu einem größeren Wasserlauf sammeln. Gespeist von weiteren Wasserläufen an beiden Seiten, schlängelt sich dieser durch Sand und Schlick und bildet schließlich einen breiter und tiefer werdenden Priel. Über halbe und mehrere Kilometer hin sucht sich der Priel in einem mehr oder weniger gewundenen Bett seinen Lauf durch das Watt, bis er endlich auf einen der großen Wattströme trifft, die in die freie Nordsee münden. Lister-Tief, Vortrapp-Tief, Norder- und Süder-Aue und die Hever sind solche großen Wattenströme im nordfriesischen Watt, die Mündungen von Weser, Jade und Ems sowie die Baljen und Seegatten zwischen den Ostfriesischen Inseln solche im niedersächsischen Wattenraum. Priele auf hohen Watten sind oft nur knie- bis metertief. Die großem Wattenströme aber weisen durch das stete Hin und Her der Wassermassen stellenweise Tiefen von bis zu 30 Metern auf.

Atem des Meeres – Ebbe und Flut

Ebbe und Flut wirken wie das Atmen des Meeres. Das Kommen und Gehen des Wassers im ewigen Rhythmus macht den eigentlichen Reiz des Wattenmeeres aus – verglichen mit den stehenden »müden« Gewässern etwa der Ostsee oder des Mittelmeeres. Ständig verändert sich durch den Gezeitenwechsel das Landschaftsbild im Watt und bietet dem Betrachter stündlich neue Natureindrücke.

Ebbe und Flut werden gezogen und getrieben von der Anziehungskraft des Mondes und von Fliehkräften auf der mondabgewendeten Seite der Erde. Erde und Mond drehen sich um einen gemeinsamen Schwerpunkt, der wegen der größeren Erdmasse im Inneren der Erde liegt. Dabei wirken Anziehungs- und Fliehkraft in entgegengesetzter Richtung. Auf der dem Monde zugewandten Erdhälfte überwiegt die Anziehungskraft des Erdtrabanten, auf der mondabgewandten Erdhälfte jedoch die Fliehkraft. Beide Kräfte erzeugen Flutwellen, zwischen denen Wellentäler, entsprechend der Ebbe, liegen. Die Erde dreht sich unter diesen langen, stehenden Tidewellen, so daß jeder Punkt der Weltmeere im Laufe von etwa 24 Stunden und 50 Minuten zweimal Ebbe und zweimal Flut erlebt. Die tägliche Verspätung der Gezeiten um rund 50 Minuten ergibt sich aus der Umlaufzeit des Mondes, der sich in nur knapp 28 Tagen einmal um die Erde dreht.

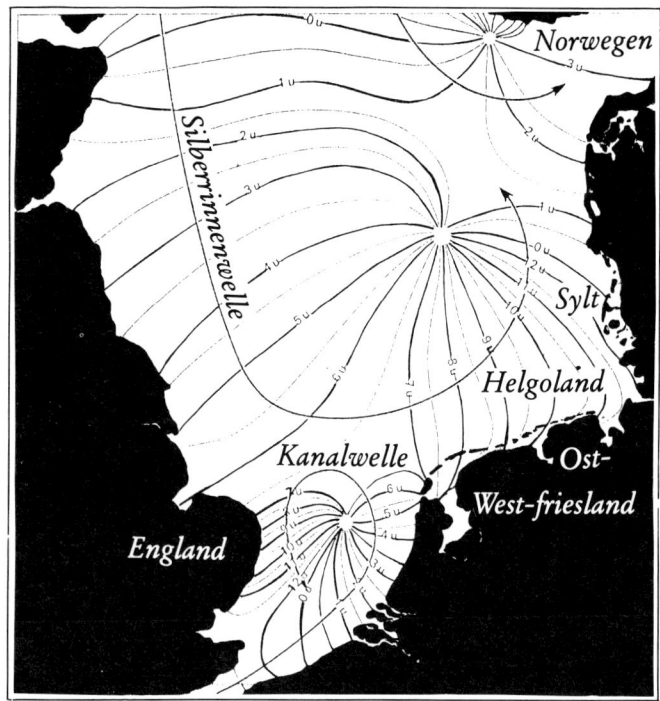

Die Gezeitenströme in der Nordsee. Linien und Uhrzeiten zeigen das Fortschreiten der Flutwellen von Stunde zu Stunde

Die Nordsee liegt jedoch nur etwa 20 Minuten unter dem Mond, so daß sich hier keine selbständigen Gezeiten entwickeln können. Ebbe und Flut in der Nordsee werden deshalb über die atlantische Gezeitenwelle verursacht. Durch den Kanal dringt eine Flutwelle ein, die jedoch zwischen der niederländischen Insel Texel und der englischen Ostküste bei Norfolk umgelenkt wird und wieder zurückfließt. Wesentlicher für die Gezeiten an der deutschen Nordseeküste ist die große Shetland- und Silberrinnenwelle, die vom Nordatlantik an der Ostküste von Groß-Britannien herunterwandert und vor den West- und Ostfriesischen Inseln nach Osten umdrehend längs der schleswig-holsteinischen und dänischen Küste wieder zurückläuft.

15

Für diesen Weg benötigt die Flutwelle reichlich 12 Stunden. Ebbe und Flut verlaufen also im Nordseebecken um einen Drehpunkt, der etwa 300 km nördlich der nordfriesischen Inseln liegt. Wenn auf der Höhe von Sylt Hochwasser ist, meldet die schottische Ostküste Niedrigwasser.

Wesentlichstes Merkmal von Ebbe und Flut ist der »Tidenhub«, der Höhenunterschied zwischen Niedrigwasser, dem tiefsten Punkt der Ebbe, und Hochwasser, dem höchsten Punkt der Flut. Er beträgt im Wattenmeer der deutschen Nordseeküste durchschnittlich 2,50 Meter. Bestimmend für den Tidenhub ist die Küstenformation. In Buchten läuft die Flutwelle besonders hoch auf, beispielsweise vor Husum mit 3,36 Metern und im Jadebusen sowie in der Weser mit bis zu 4 Metern. Vor Sylt jedoch liegt der Tidenhub nur bei etwa 1,70 m.

Aber auch andere regel- und unregelmäßige Kräfte greifen in den Ablauf der Gezeiten ein. Alle 14 Tage, unmittelbar nach Neu- und nach Vollmond wirkt sich auch die Anziehungskraft der Sonne sichtbar aus. Von der Erde gesehen, stehen Mond und Sonne in einer Geraden und die zusätzliche Anziehungskraft dieses sehr fernen, aber an Masse mächtigen Himmelskörpers, ruft nun auf den Weltmeeren jeweils für einige Tage größere Flutwellen und entsprechend tiefere Wellentäler hervor. »Springflut« bzw. Springtide wird diese Erscheinung genannt, im Binnenlande oft mit einer Sturmflut verwechselt. Während der Springtide läuft das Hochwasser etwa 30–50 cm höher auf, aber auch das Niedrigwasser fällt entsprechend tiefer. Weil sich der Zeitraum der Gezeiten aber nicht verändert, laufen Ebbe und Flut sehr viel schneller ab bzw. auf. Zwischen den Springtiden aber liegen die »Nipptiden« mit einem geringeren Stand des Hochwassers und Niedrigwassers, weil die nun rechtwinklig zum Monde stehende Sonne die Anziehungskraft des Erdtrabanten vermindert.

Wesentlich höher aber steigt die Flut durch Stürme und Orkane, bis zu 5 Meter über das Mittlere Hochwasser. Wasserhöhe und Brandung richten dann nicht selten erhebliche Schäden an und hinterlassen Tote oder Trümmer, wie zuletzt bei der Orkanflut im Februar 1962 in Hamburg. Orkanfluten haben in der Vergangenheit entscheidend zur landschaftlichen Gestaltung der Nordseeküste beigetragen, ehe verstärkter Küstenschutz mit technischen Hilfsmitteln Festlandsküste und Inseln relativ stabilierte.

Funde im Flutsaum

Dort, wo die Flut am Strand und am Wattufer ihren höchsten Punkt erreicht, lagert das Meer täglich aufs neue Treibgüter ab – oft Unrat, der von den Flüssen ins Meer gespült oder von Schiffen achtlos über Bord geworfen wurde – vor allem aber Meerespflanzen und Meeresgetier aus dem nahen Küstenbereich oder von weither herangetrieben. Besonders nach Sturmfluten ist der Flutsaum sehr interessant, bietet er doch nicht selten einen Einblick in die verborgene Unterwassernatur von Nordsee und Wattenmeer und zeugt zugleich – zumal in Form von Muschelschalen – von der ungeheuren Dichte des Tierlebens in diesem Lebensraum.

Je nach Jahreszeiten bildet sich das dunkle Band des Flutsaumes aus maritimen Pflanzen. Oft sind es dunkelgrüne Bündel verschiedener Seegrasarten, die im Watt und unter der Niedrigwasserlinie wachsen. Seegras ist eine Blütenpflanze. Fast immer sind auch Büschel des braunen Blasentanges und des gelbgrünlichen Sägetanges zu finden. Die erste Art wächst schon eben unter der Hochwasserlinie auf Miesmuschelbänken, an Brückendalben und Uferschutzwerken, wo sie festen Halt für ihre Saugwurzeln finden. Letztere Art bevorzugt das tiefere Wasser. Größere und derbere Braunalgen, wie beispielsweise der fächerartige Fingertang oder die meterlangen Blätter des Zuckertanges, stammen von Felsenküsten, vielleicht von Helgoland. Im Sommer treten oft massenhaft Grünalgen auf und bedecken Strand und Wattufer mit einer glitschigen Schicht. Vor allem sind es die unregelmäßig eingerissenen Blätter des Meersalates und die bandwurmartigen grünen Triebe der ähnlichen Darmalge, beide Arten sowohl freischwebend, wie auch auf festen Gegenständen wachsend. Auch die Bündel der Borstenhaaralge bedecken im Sommer weithin das Watt und werden von der Flut, oft zu langen »Seilen« aufgerollt, an den Strand getragen. Seltener sind dagegen die verschiedenen Arten der Rotalgen. Am ehesten wird man noch die pinselförmigen, handgroßen Büschel der Polysiphonia urceolata und der ähnlichen, aber mehr gebündelten Bania-Rotalge, im Herbst auch die zarten, durchsichtigen Blattfetzen des Purpurtanges finden. Die goldgelben, verästelten Zweige und Büschel des See- und Korallenmooses täuschen mit Namen und Gestalt den Pflanzenhabitus jedoch nur vor. Hier handelt es sich tatsächlich um Sprossen von Hydroidpolypen, die auf festem Boden oder auf Festkörpern in Prielen und Wattenströmen bis etwa 15 m Wassertiefe wachsen. Erst unter dem Mikroskop werden die Strukturen dieser eigenartigen Lebewesen, die mit Tentakeln und Nesselkapseln Kleinsttiere fangen, deutlich. Älteren Nordseebesuchern ist Seemoos noch als grüngefärbter Zierstrauch für Vasen in Erinnerung. Als »Andenken« wurde es viele Jahre in den Badeorten verkauft, und die Seemoosfischerei spielte für die Küstenbewohner zeitweilig eine große Rolle.

Auch einige andere Funde im Flutsaum geben dem unkundigen Strandwanderer viele Rätsel auf. Da entdeckt man immer wieder faustgroße Gebilde mit plastikartigen, erbsenähnlichen Hüllen. Es sind die Eiballen der Wellhornschnecke. Schwarze Kapseln von der Größe einer Streichholzschachtel mit vier »Beinen« an den Ecken sind die Eihüllen verschiedener Rochenarten, die draußen in der Nordsee leben. Im Spätsommer und Herbst werden sie abgelegt und an Algen geheftet. Und die bis zu 25 cm langen, kalkartigen Platten stammen vom Tintenfisch. Es handelt sich hier um den Rückenschulp eines bis zu 40 cm lang werdenden Weichtieres. Tintenfische der Art Sepia offizinalis sind in der Nordsee allerdings nicht gerade häufig, aber manchmal wandern sie in Scharen ein.

Die bekanntesten Tiere im Flutsaum sind Quallen. Vom Frühsommer bis weit in den Herbst hinein treiben sie nach entsprechenden Wetterlagen gelegentlich zu zehntausenden an und können, falls es sich um Nesselquallen (»Feuerquallen«) handelt, das Badeleben empfindlich stören. Zuerst, von Juni an, erscheinen die harmlosen Ohrenquallen, die man an der violetten Zeichnung, ähnlich eines Kleeblattes, in der Glockenmitte erkennt. Der Hochsommer ist die Zeit zweier Nesselquallen, der Blauen- und der Gelben Nesselqualle. Erstere wird nicht viel größer als ein Bierdeckel, letztere aber kann einen Glockendurchmesser von mehr als einen halben Meter erreichen. Bei Berührung mit den Fäden der Blauen Nesselqualle entsteht ein Schmerz wie von kurzen Nadelstichen. Gerät man beim Baden aber in die langen Fäden der »Gelben«, entsteht ein stundenlanger Schmerz, der an Brennesseln erinnert. Dieser Schmerz wird ausgelöst durch Giftkapseln an den Fäden der Quallen. Sie platzen bei bloßer Berührung. Im Spätsommer und Herbst treiben dann wieder zwei harmlose Arten an: Lungenqualle und Kompaßqualle. Zu Unrecht schrecken viele Strandwanderer vor Quallen zurück. Genau betrachtet offenbart sich die Schönheit der Formen und Farben. Gestrandete Quallen sind aber bald vergangen, vertrocknet in Sonne

Strand mit Flutsaum
Sepia-Schulpe vom Tintenfisch – Eikapsel vom Nagelrochen und Ei-
ballen der Wellhornschnecke

und Wind. Denn diese Tiere bestehen zu rund 98 % nur aus Wasser. Quallen bilden sich übrigens aus festsitzenden Polypenstöcken, die sich Scheibe um Scheibe lösen und – umgedreht – im Wasser ihr kurzes, freischwimmendes Leben beginnen.

Etliche Meerestiere benötigen für ihr Dasein eine feste Unterlage. So ist es kein Wunder, daß Treibgut, das länger im Wasser gelegen hat, fast immer von solchen Tieren besiedelt ist. Am häufigsten entdeckt man Seepocken, die als Rankenfüßler zu den Krebstieren gehören. Zur gleichen Familie zählt auch ein Tier, daß man viel seltener am Strande findet: die Entenmuschel. Gelegentlich treiben Brückenbalken oder Seezeichen an, deren Algenbewuchs eine lange Seereise verkündet. Und manchmal hängen an diesen Gegenständen Entenmuscheln dicht an dicht. Beim ersten Hinsehen erscheinen sie wie Miesmuscheln, aber dann entdeckt man zwischen den blauen Schalen die braunen Rankenfüße.

Auf Treibgütern sitzen auch die verschnörkelten Kalkröhren der Dreikantwürmer oder die kleinen, rundlichen Gehäuse der Posthörnchenwürmer. Löcher und kalkbeschichtete Bohrgänge in altem Treibholz verraten das Wirken des Pfahlwurmes, der zu den Muschelarten gehört. Muschelschalen und Schneckengehäuse aber sind es, die vor allem den Flutsaum des Strandes bedecken. Manchmal werden sie zu regelrechten Wällen aufgespült und verraten durch ihre Masse die Vielfalt und den Reichtum des Lebens draußen in Sand und Schlick und auf den Böden der küstennahen Nordsee.

Sturmfluten werfen auch immer wieder tote Strandkrabben, vereinzelt auch Taschenkrebse und Seespinnen an das Ufer, ebenso Seesterne. Aber in der Regel sind bald Möwen zur Stelle, die ständig über dem Flutsaum »patrouillieren« und sich das angespülte Seegetier schnell einverleiben. Natürlich treiben auch die Kadaver von toten Seehunden, Delphinen und Tümmlern an, und auch hier versammeln sich bald, von allen Seiten heranfliegend, Möwen, um sich zu mästen.

Zu den unerfreulichen Funden im Flutsaum gehören allerdings die Fülle von Unrat und tote oder noch lebende Seevögel, die von der »Ölpest« betroffen sind und denen kaum noch zu helfen ist.

Darmalgen

Seemoos

Entenmuscheln

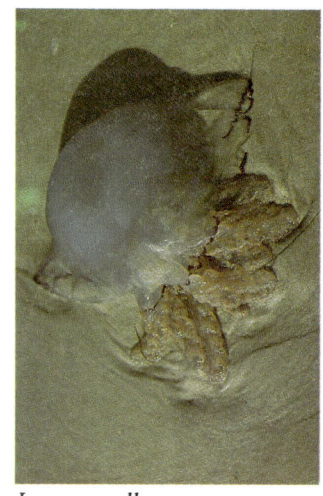

Lungenqualle

21

Bernsteine

Zu den Flutsaumfunden, nach denen der Strandwanderer wohl am häufigsten sucht, jedoch seltener findet, gehört der Bernstein. Reichhaltige Bernsteinvorkommen an der Nordseeküste und deren Wertschätzung als Schmuck im hochkultivierten Mittelmeerraum bedingten schon in der Bronzezeit, also etwa um 1500 vor Christi, einen lebhaften Handel zwischen beiden Regionen. Und noch in den Jahrhunderten vor und nach der Zeitrechnung priesen Entdeckungsreisende wie Pytheas von Massila (etwa 325 vor Chr.) oder die Römer Timaeus und Plinius die Bernsteininseln in der Nordsee. Später wurde Bernstein das »Gold des Nordens« genannt. Aber schon zu Kaiser Neros Zeit 44–68 nach Chr. begannen sich die Fundmengen zu erschöpfen, und das Interesse römischer Händler konzentrierte sich nun auf die Ostseeküste, wo namentlich im Samland bedeutende Funde zu verzeichnen waren.

Bernstein entstand im Erdzeitalter Eozän. Damals, als die Verteilung von Wasser und Land sowie die Klimaverhältnisse auf der Erde noch ganz anders waren als heute, wuchsen riesige Wälder mit Bernsteinkiefern im Bereich Nordeuropas. Die Bernsteinkiefer (pinus succinifers) war vermutlich eine stark harzende Art, die auf der Erde heute nicht mehr vorhanden ist. Infolge natürlicher Beschädigungen, vielleicht auch durch katastrophenartige Stürme, brachen immer wieder Zweige und Stämme um und das Harz rann hervor. Rund 20 Millionen Jahre dauerte das Eozän als Unterstufe des Tertiärs und das Dasein des Bernsteinwaldes. Der Harzausfluß dieses langen Zeitraumes mag genügt haben, um die entsprechenden Mengen Bernstein durch die Versteinerung des Harzes zu bilden. Durch die Gletscher der Eiszeit, aber auch durch die Bildung der Ost- und Nordsee kam der Bernstein in Bewegung. Bei einem Gewicht von etwa 1,05–1,1 Gramm pro Kubikzentimeter ist er nicht wesentlich schwerer als Salzwasser und wird deshalb von Strömung und Brandung leicht bewegt. Eine andere Eigenschaft des Bernsteines ist die Brennbarkeit, weshalb er ja auch *Bern* (bernen = brennen) stein genannt wird.

Heute wird Bernstein an der Nordseeküste zwar noch regelmäßig gefunden, aber oft nur in kleinen Stücken. Und in der Regel sind es Spezialisten, die wissen, wann und wo man suchen soll.

Bernsteine im Flutsaum

Kribbeln und Krabbeln im Watt

Wenn man bei windstillem Wetter und bei Ebbe am Ufer von Misch- und Schlickwatten steht, steigt ein geheimnisvolles Wispern aus dem Grund – das hörbare Herumkrabbeln eines Millionenheeres von Schlickkrebsen und sonstigem Wattgetier. Gebietsweise leben hier pro Quadratmeter Watt bis zu einhunderttausend Tiere, die winzigen Wattschnecken mit einer Dichte von bis zu 70 000 und die erwähnten Schlickkrebse mit einer Masse von einigen zehntausend Exemplaren. Nur wenige Lebensräume unserer Erde weisen eine ähnliche Lebensdichte auf.

Die etwa einen Zentimeter langen Schlickkrebse stecken in fingertiefen, u-förmigen Röhren, krabbeln aber zur Nahrungssuche an die Oberfläche und greifen mit ihren überlangen Fühlern den Boden rund um die Röhre nach Kieselalgen und Kleinstorganismen ab. Durch das ständige »Platzen« der Wasserhaut zwischen den Fühlern entsteht das erwähnte, knisternde Geräusch.

Schlickkrebse

Seepocken

Strandschnecken

Strandkrabbe

Wattschnecken werden nur 2–3 Millimeter groß, und man muß schon zweimal hinsehen, um sie als Einzeltiere zu entdecken. Am Wattufer liegen die Gehäuse aber oft in meterbreiten Streifen, ja zu regelrechten Wällen aufgespült. Draußen im Schlick ziehen die aktiven Tiere ein Gewirr von Bahnen und Schleifen und versammeln sich zum Äsen auf Grünalgen, oder sie verkriechen sich in den Schlick und lassen eine zerlöcherte Oberfläche zurück. Wattschnecken können sich mit der Flut durch Lufteinschluß im Gehäuse und entsprechendem Auftrieb auch zu anderen Stellen verfrachten lassen.

Auffälliger ist die daumennagelgroße Strandschnecke, die aber sandiges Wattufer bevorzugt und Festkörper zum Anheften benötigt. Deshalb findet man diese Art am ehesten an Buhnen, Brückenbalken und Uferschutzwerken. Hier ruhen sie bei Ebbe dicht an dicht, aber etliche Tiere sind auch bei Ebbe unterwegs, lange Schleifspuren hinterlassend. Strandschnecken können lange Zeit ohne Wasserbedeckung leben. Nicht selten kriechen sie bis über die Mittlere Hochwasserlinie hinaus.

Sandiges Watt und Festkörper sind auch der Lebensraum der Seepocken, die es in verschiedenen Arten gibt. Dicht an dicht haben die kalkigen Gehäuse Buhnen und Balken besetzt, hinauf bis zur obersten Grenze der Lebensmöglichkeit, wo nur während der kurzen Zeit des Hochwassers die Flut heraufreicht oder Brandungsspritzer hingelangen. Seepocken gehören als Rankenfüßler – wie die schon genannten Entenmuscheln – zur großen Familie der Krebstiere. Bei Flut öffnen sich die Klappen der Rundgehäuse und die feinen Fangarme greifen nahrungssuchend umher.

Zu den Krebsen gehören auch verschiedene Arten von Sandflöhen und Sandhüpfern, die versteckt unter Tangbüscheln oder am Strande liegende Treibgüter hausen. Hebt man Tang oder Treibgut hoch, springen die etwa zentimetergroßen Tiere nach allen Seiten in hohen Bogen auseinander und suchen unverzüglich ein neues Versteck.

Viele Tiere des Wattenmeeres sind aber im Boden verborgen und verraten ihr Dasein lediglich durch Öffnungen oder andere Spuren auf der Wattenoberfläche. Am auffälligsten sind die »Sandkringel«, die Kothäufchen der Wattwürmer, die auf Sandwatten über unübersehbare Flächen mehr oder weniger dicht an dicht den Boden bedekken. Zwischen den Häufchen sind Vertiefungen oder Löcher im Boden und beides steht in Zusammenhang. Wattwürmer leben in u-förmigen Röhren, dessen Bogen etwa 25 cm tief unter der Oberfläche

Wattwurm mit Trichter und Kothäufchen

liegt. An einem Röhrenende saugt der etwa 15 cm lange Wurm den Sand herunter, so daß hier ein Sackungstrichter oder ein Loch entsteht. Der Wurm kaut den Sand durch und lebt von den Nahrungsstoffen, Feinorganismen, die sich im Trichter sammeln. Der durchgekaute Sand verbleibt zunächst im »Sandsack« am Hinterende des Wurmes und wird dann von Zeit zu Zeit durch den rückwärts aufsteigenden Wurm herausgedrückt, so daß sich ein »Sandkringel« bildet. Wattwürmer besiedeln mit einer Dichte von bis zu 20 Tieren pro Quadratmeter das Mischwatt, fehlen aber auch im reinen Sandwatt und sogar am Brandungsstrande nicht ganz. Sie bilden für zahlreiche andere Tiere, für Fische und Vögel, Nahrung und lassen sich auch beim Angeln als Köder verwenden.

Ein anderer, häufiger Wurm, der sich mit weniger deutlichen Spuren verrät, ist der Seeringelwurm. Ausgegraben schlängelt er wie ein Tausendfüßler im nassen Boden und ist schnell wieder verschwunden. Kennzeichnend für diesen Wurm ist das deutliche »Blutband« auf dem Rücken. Wie ein langes, dünnes Blutband erscheint auch im Aufwurf des Wattbodens der etwa 20 cm lange, aber nur millimeterdicke Blutfadenwurm, der leicht auseinanderreißt.

Miesmuschelbank

Gelegentlich stößt man auch auf eine Kolonie der Köcherwürmer, die sich knapp zigarrettenlange, kunstvolle Köcherröhren gekittet haben und eben unter der Oberfläche im Mischwatt leben. Mit seinen wie vergoldet schimmernden Grabborsten sucht der Wurm im Dunkel des Wattbodens nach Nahrung und befördert durch Bewegungen und Wasserstrudel den bearbeiteten Sand durch die hintere Röhrenöffnung nach oben heraus.

Auffälliger sind dann aber wieder die Behausungen der Bäumchenröhrenwürmer, die knapp fingerhoch an festen Prielrändern, oft in der Nähe von Miesmuschelbänken, aus dem Boden ragen. Die zigarettendicken Hohlröhren sind aus grobem Sand und Stücken von Muschelschalen gekittet und weisen oben ein buschiges Bündel auf. Sie reichen etwa 25 cm tief hinein in den Boden. Der Wurm steigt bei Flut an den Kopf dieser Röhre und tastet mit seinen langen Tentakeln die Umgebung nach Nahrung ab. Oft stehen die Röhren rasenartig dicht am Boden. Nach Sturmfluten und Sandverlagerungen werden sie in Massen freigespült und liegen im Flutsaum des Strandes.

Ein weiteres, auf dem Wattboden sichtbares Massentier ist die Miesmuschel. Überall liegen Bündel dieser durch Byssusfäden zu-

Muscheln am Strand – links von oben n. unten:
Sandklaffmuschel – Gestutzte Klaffmuschel – Islandmuschel.
Mitte: Gr. Scheidenmuschel – Gebogene Amerik. Schwertmuschel
Rechts: Austern, oben die untere Schalenhälfte.

sammengehaltenen Schalen bis nahe der Hochwasserlinie. Aber in der Regel leben Miesmuscheln in ausgedehnten »Bänken« auf festem Sandwatt und an Prielrändern und fallen von weitem als schwarze Flächen auf. Auf guten Bänken leben pro Quadratmeter bis zu 5 000 Tiere neben- und übereinander in gegenseitiger, stabiler Befestigung mittels der genannten Fäden, die aus einer Drüse der einzelnen Tiere gebildet werden. Bei Ebbe sind die Schalen der Miesmuscheln fest verschlossen, nur jene von toten Tieren klaffen auf und verströmen einen unangenehmen Verwesungsgeruch. Während der täglich zwei- maligen Überflutungen filtern die leicht geöffneten Muscheln aus ei- ner durchströmenden Wassermenge von 10–15 Litern Sauerstoff und Nahrung aus dem Meer. Miesmuschelbänke gehören zu den wert- vollsten Lebensbereichen im Wattenmeer. Sie bilden festen Unter- grund für Pantoffel- und Käferschnecken, Seepocken und für die Haftwurzeln verschiedener Algen und Tange. Infolge ihrer großen

Obere Reihe, von links: Amerik. Bohrmuschel, darunter Gestutzte Bohrmuschel – Kammuschel – Miesmuschel.
Mitte: Trogmuschel – Herzmuschel – Teppichmuschel
Unten: Plattmuschel – Tellmuschel – Dreieckmuschel

Vermehrungskraft – eine laichreife Muschel stößt zwei- bis dreimal jährlich bis zu 12 Millionen Eier aus – dienen Laich und Muscheln zahlreichen anderen Tieren als Nahrung und werden auch für die menschliche Ernährung genutzt.

Von den anderen Muschelarten werden in der Regel aber nur die leeren Schalen gefunden, es sei denn man stößt beim Graben im Watt auf eine Muschelkolonie. Denn nahezu alle Muschelarten des Wattenmeeres und der küstennahen Nordsee leben unterirdisch. Am häufigsten ist die Herzmuschel, die im Mischwatt eben unter der Oberfläche lebt und durch ihre doppelten Siphoöffnungen auf sich aufmerksam macht. Herzmuscheln sind eine bevorzugte Nahrung von Silbermöwen, die Muscheln im Seichtwasser zutage »treten«.

Gelegentlich spritzen vor den Füßen von Wattenwanderern plötzlich kleine Wasserfontänen auf und verraten die Anwesenheit der großen Sandklaffmuschel, die bis zu 30 cm im Boden steckt, über ei-

Schneckengehäuse, von links oben: Pelikanfuß – Pantoffelschnecke – Wellhornschnecke. Unten, von links: Purpurschnecke – Netzreusenschnecke – Turmschnecke – Strandschnecke – Wattschnecke

nen kräftigen Sipho aber in Verbindung mit der Oberfläche steht, um Sauerstoff und Nahrung aus dem Flutwasser zu filtern. Erschreckt durch die Fußtritte der Wanderer zieht die Sandklaffmuschel diesen Sipho ruckartig ein und spritzt das darin noch vorhandene Wasser heraus. In nahrungsknappen Kriegszeiten grub man diese Muscheln aus und nutzte sie als wertvolle, eiweißreiche Nahrung.

Ebenfalls in den Bereich des Mischwatts gehört die Plattmuschel, auch Rote Bohne genannt. Aber die Schalen dieser, in etwa 10 cm Tiefe lebenden Art können auch gelb oder weiß sein. Hingegen bevorzugt die Pfeffermuschel Schlickwatt. Ihre Schalen sind weiß, durch den Gehalt des Schwefeleisens im Boden aber oft blauschwarz verfärbt.

Lebensräume spezieller Art sind die Priele und tiefen Ströme im Watt. Hier bleibt immer Wasser zurück und bietet zahlreichen Tieren unabhängig von den Gezeiten Schutz und Daseinsmöglichkeiten. Hebt man ein Tangbüschel hoch, eilt sommertags in der Regel eine Strandkrabbe hervor, die sich hier verbarg, um auf die nächste Flut zu warten. Verfolgte Strandkrabben spreizen abwehrend ihre Scheren oder buddeln sich sekundenschnell rückwärts im weichen Sande ein. Im Spätherbst wandern die Strandkrabben in das tiefere Nordseewasser zurück und hier legt das Weibchen einige hunderttausend Eier ab, die bis zum Ausschlüpfen der Larven unter dem eingeklappten Schwanz getragen werden. Leere Panzer dieser Krabben findet man öfter am Strand. Wie alle Krebse, muß auch die Strandkrabbe sich während des Wachstumes und auch als erwachsenes Tier regelmäßig »häuten« und einen neuen Panzer bilden.

Leere Wellhornschneckengehäuse, die am Prielgrunde liegen, sind oft von Einsiedlerkrebsen bewohnt. Einsiedlerkrebse haben einen weichen Hinterleib und müssen diesen dementsprechend schützen. Der Hinterleib ist in den Schneckengang eingerollt und mit Widerhaken verankert. Bei Gefahr zieht sich der Krebs zurück und verschließt den Eingang mit seinen verschieden großen Scheren und Beinen. Trotz des relativ hohen Gewichtes kann der Einsiedlerkrebs mit dem Gehäuse behende laufen. Entsprechend seinem Wachstum muß er im Laufe seines Lebens etliche Male umziehen und jeweils ein passendes Schneckengehäuse finden. Von Einsiedlerkrebsen bewohnte Gehäuse sind wegen des Nahrungsabfalles bei etlichen anderen Tieren beliebt. Fast immer haben sich auch Seepocken und braune Stachelpolypen dort angesiedelt. Aber auch die in Etagen übereinanderlebenden Pantoffelschnecken, die in der Jugend männliche, als ältere Tiere weiblich sind und sich so befruchten, sitzen auf den Wellhornschneckengehäusen des Einsiedlerkrebses.

Nicht selten wimmelt es in den Prielen von Garnelen, die sich neugierig an die Füße stillstehender Wattenwanderer herantasten, aber bei der nächsten Bewegung blitzschnell durch Rückschlag des ausgefächerten Schwanzes davonstieben, um sich fast unsichtbar im Sande zu vergraben. Garnelen, allgemein Krabben genannt, leben draußen in der küstennahen Nordsee und in den großen Wattenströmen in Massen und werden dort befischt. (siehe S. 87)

Miesmuschelbänke in tieferen Prielen sind der Lebensraum der Seesterne. Hier finden sie, da es im Watt nahezu völlig an Festkörpern fehlt, an den Muscheln Halt, nutzen diese aber auch zugleich als Nahrung. Zwar hält der Muskel der Miesmuschel die Schalen fest zusammen, aber der Seestern, der die Muschel umklammert und sich mit den unzähligen Saugfüßchen an der Unterseite seiner Arme an den Muschelschalen festsaugt, wölbt seine Arme auseinander und übt einen ständigen, stundenlagen Zug auf den Muskel des Weichtieres aus. Schließlich erlahmt dessen Kraft, die Schalen klaffen auf und der Seestern saugt nun direkt mit dem Magen die Muschel auf. Seesterne gehören zur Familie der »Stachelhäuter«, wie auch der Strandigel, der in den Prielen lebt. Die grünen Stacheln dieses Tieres sitzen auf einer Art Kugelgelenk, und ihre Beweglichkeit ermöglicht dem Strandigel ein langsames Wandern über den Grund, wo er mit den Zähnen seines Kauapparates vor allem auf Grünalgen weidet.

Andere Seestern- und Seeigelarten bevorzugen tieferes Wasser und werden nur selten am Strande gefunden – mit Ausnahme der zarten, zerbrechlichen Schalen des Herzigels. Dieser lebt aber im Boden versteckt, und wenn man die Schalen der längst abgestorbenen Tiere entdeckt, sind sie weitgehendst ihres pelzartigen Stachelkleides beraubt.

Miesmuschelbänke bieten aber noch etlichen weiteren Tieren einen festen Lebensgrund. Zum Beispiel siedeln sich dort große, gelbe Klumpenschwämme an, ebenso mehrere Arten von Actinien wie Seenelke, Seerose und Seeannemone. Actinien wirken wie Blumen, wenn sie sich mit ausgefächerten Tentakelkränzen in der Strömung hin und her bewegen. Aber tatsächlich handelt es sich hier um Nesseltiere, mit den Quallen verwandt. Und an den Spitzen dieser wie harmlose Blüten wirkenden Tentakeln sitzen Kapseln mit Gift, mit deren Hilfe kleine Seetiere eingefangen und zur Mundöffnung geführt werden. Im flachen Wattenmeer erreichen diese Tiere aber kaum die Größe einer Menschenhand, können im tiefen Wasser jedoch beachtliche Höhen entwickeln. Eigenartigerweise haben sie einen Feind, den Sonnenstern, der in der Lage ist, Actinien zu fressen, ohne von deren Giftkapseln berührt zu werden. Wo Miesmuschelbänke fehlen, siedeln sich Seenelken und verwandte Arten mit Vorliebe in Innenräumen gesunkener Schiffe an und »wachsen« hier dicht an dicht.

Wenn Wellhornschneckengehäuse in tiefen Prielen nicht vom Einsiedlerkrebs bewohnt werden, steckt oft noch der eigentliche Eigentümer, die Wellhornschnecke darin. Wir fanden bereits ihre Eiballen und leeren Gehäuse am Strand, die Schnecke selbst aber lebt in der Regel unter der Niedrigwasserlinie. Manchmal erreicht sie nach ei-

Einsiedlerkrebs

Seenelke

Seestern

Strandigel

Goldbutt

nem Ausflug auf das höhere Watt während einer Flutzeit nach Eintritt der Ebbe das tiefere Wasser nicht mehr und gräbt sich dann im Boden ein. Deutlich sind dann im Sande die breiten Schleifspuren zu sehen, die plötzlich enden. Dort steckt die Schnecke fingertief im Grund, vor Silbermöwen sicher. Das eine oder andere Tier wird dennoch gefunden und vom kräftigen Hakenschnabel aus dem Gehäuse herausgehackt.

Priele- und Wattenströme bieten – je nach Tiefe – auch einigen Fischen einen ständigen oder jahreszeitlich begrenzten Aufenthaltsort. Kleine, gelbgraue Sandgrundeln, oft in Gesellschaft mit Garnelen, schießen im Flachwasser hin und her. Die im Hochsommer unter einer Muschelschale oder in sonstigen Höhlungen abgelegten Eier werden bis zum Schlüpfen vom Männchen bewacht. Rührt man ein Algen- oder Seegrasbündel am Prielgrunde an, schlängeln Glasaale nach allen Seiten davon. Es handelt sich hier um mehrjährige Tiere, die schon im Larvenstadium die weite Reise von der Saragossa-See zu europäischen Küsten angetreten haben. Aber auch ausgewachsene Aale leben im Priel.

34

In tieferen Regionen haben Steinpicker, Butterfisch, Seeskorpion und Aalmutter ihr Lebensrevier. Letztere bringt ihren Nachwuchs lebend zur Welt. Vor allem aber bevölkern Plattfische das Wattenmeer. Plattfische sind Goldbutt, Steinbutt, Klische, Seezunge, Sandscholle, Flunder und andere. Der typische Plattfisch des Wattenmeeres ist die Flunder, während die anderen Arten seltener sind und teilweise nur im Jugendalter und während der Flutzeit hier erscheinen. Flundern liegen bei Ebbe gerne am Prielrand im seichten, von der Sonne durchwärmten Wasser, eingebuddelt im Sand. Nur die Augen sind sichtbar. Bei Störung schnellen die Fische hervor und verschwinden, eine Spur von Sandwolken hinterlassend, im tieferen Wasser. Manchmal bleiben sie aber auch liegen und jagen Wattenwanderern einen gehörigen Schrecken ein, wenn diese ihren Barfuß auf eine glitschige, sich bewegende »Platte« setzen.

Priele und Wattenströme sind aber auch die »Wildwechsel« von Fischen, die mit der Flut in Scharen nahrungssuchend durch das Watt ziehen und mit der Ebbe wieder verschwinden. Im zeitigen Frühjahr erscheinen die Hornfische und setzen die Klumpen ihres Laichs an Buhnen, Schiffsankern und Meerespflanzen ab. Anschließend, während der Sommermonate, tummeln sich Meeräschen im Wattenmeer. Bis Ende der 1960er Jahre war dieser große Fisch, dessen Ursprungsheimat das Mittelmeer und die südwesteuropäische Atlantikküste sind, noch ganz unbekannt. Meeräschen leben als einzige der genannten Fische nicht von tierischer Nahrung, sondern sind Pflanzenfresser. Wahre Räuber hingegen, die in blinder Gier nach allem beißen, was silbern blinkt, sind Makrelen. Früher zogen auch sie in Scharen während der Flutzeit im Sommer durch das Watt, halten jetzt aber in der Regel einen gewissen Abstand von der Küste. Zu ihrer Hauptbeute gehören die langen, dünnen Tobiasfische, die von Makrelen gejagt, oft bis dicht unter die Wasseroberfläche flüchten und dort eine Beute der stoßtauchenden Seeschwalben werden.

Nahezu alle erwähnten Fische ziehen im Winter in das tiefere und wärmere Nordseewasser. Aber im Winterhalbjahr kommen nicht selten Dorsche bis hinauf in das Wattenmeer.

Aale, Aalmuttern, Plattfische, Hornfische, Meeräschen, Makrelen und andere werden durch Sportangler und Berufsfischer gefangen und spielen als Nahrungsquelle für den Menschen eine große Rolle.

Seehunde und Kegelrobben

Kein anderes Tier hat im Zusammenhang mit der Umweltbedrohung der Nordsee durch Schadstoffe in den letzten Jahrzehnten soviele Schlagzeilen gemacht wie der Seehund. Der Seehund steht als Beutegreifer an der Spitze der Nahrungspyramide aller Tiere im Wattenmeer und konzentriert in sich all jene Umweltgifte, die in seinen Beutetieren vorhanden sind – vor allem PCB, Polychlorierte Biphenyle, die als Weichmacher für Kunstoffe und Lack und als Imprägniermittel für Holz und Papier verwendet werden.

Selbst wenn die Seehunde an diesen und anderen Umweltgiften nicht unmittelbar sterben, erfolgt doch eine Einwirkung auf den Bestand dieser Tiere durch eine geringe Vermehrungsrate oder gar, wie von holländischen Küsten gemeldet, ein völliges Fehlen von Neugeburten. Der Niedergang des Bestandes Anfang der 1950er Jahre von etwa 2 000 auf nur noch 500 Tiere, führte 1962 zu einem Jagdverbot an niederländischen Küsten. Auch im Bereich des niedersächsischen Wattenmeeres kam es, vermutlich durch Einwirkung von Schadstoffen aus den dortigen Flüssen, zu einer erheblichen Reduzierung der Seehund-Population. Nach dem Jagdverbot im Bundesland Niedersachsen 1972 ist die Anzahl der Seehunde mittlerweile auf über 2 000 Tiere angestiegen. Lediglich an der schleswig-holsteinischen Westküste, vor allem im nordfriesischen Wattenmeer, blieb die Zahl der Seehunde zunächst konstant. Nachdem aber auch hier 1973 Jagdruhe verordnet wurde, wuchs der Bestand auf inzwischen etwa 3 500 Tiere an, so daß örtlich schon wieder unter Berücksichtigung des Nahrungsangebotes an eine Bestandsreduzierung durch gezielten Abschuß alter und kranker Tiere gedacht wird. Die vorhandenen Bestände werden alljährlich vom Flugzeug aus ermittelt. Unter den 3 538 gezählten Seehunden im Wattenmeer von Schleswig-Holstein befanden sich im Herbst 1987 reichlich 700 Jungtiere.

Der Seehund spielte jahrhundertelang für die Bewohner der Inseln und Halligen eine große wirtschaftliche Rolle. Er wurde bejagt zwecks Verwertung des Felles, und aus dem Seehundsspeck kochte man Tran, der für Beleuchtungskörper vor der Zeit des elektrischen Stromes in Gebrauch war. Angeblich soll auch die Seehundsleber gebraten worden sein, während das Fleisch ansonsten als ungenießbar galt. Eine besondere Einnahmequelle erschloß sich etlichen Schiffern an der Küste durch die Führung von Kurgästen zur Seehundsjagd. In

Seehundsbank

»Heuler«

der Regel handelte es sich dabei um »betuchte« Herren, die bei Waidmannsheil ein entsprechendes Honorar springen ließen. In alten Tagebüchern sind unzählige Jagdausflüge durch Danksagungen glücklicher Schützen, oft in Gedichtform, verewigt worden. Und die damaligen Strecken verraten einen erheblichen Bestand dieser Tiere. Beispielsweise erlegte der von der Hallig Hooge stammende Seehundsjäger Philipp von Holt als Jagdführer rund 6000 Seehunde.

Der Seehund galt seit jeher als »schädlich«, weil er sich ausschließlich von Fischen ernährt. Er wurde ohne jegliche Schonzeit auf mancherlei unwaidmännische Weise bejagt. Erst durch das Reichsjagdgesetz 1934 erfolgte die Erklärung einer Schonzeit vom 1. März bis zum 15. Juli, also in der Geburts- und Aufzuchtszeit der Jungen. Gegenwärtig dauert die offizielle Jagdzeit an der schleswig-holsteinischen Westküste vom 15. September bis 31. Oktober, doch werden nur kranke Tiere erlegt. Etliche Seehunde weisen seit einigen Jahrzehnten handgroße Wunden an verschiedenen Körperstellen auf, vermutlich infolge einer bakteriellen Infektion.

Lebensraum des Seehundes sind das Wattenmeer sowie die angrenzende Nordsee. Im Wattenmeer findet der Seehund seine Ruheplätze, bei Ebbe freifallende Sandbänke. Hier liegt er, oft in Rudeln, an Kanten steil abfallender Priele, die bei Gefahr ein schnelles Untertauchen in entsprechender Wassertiefe ermöglichen. Bedingt durch die nun schon jahrelange Schonzeit sind die Seehunde wesentlich zutraulicher geworden als früher. Lag die Fluchtdistanz vor wenigen Jahrzehnten noch bei etwa 200 Meter, so fahren die Ausflugsschiffe mit Kurgästen der Insel- und Küstenbadeorte jetzt auf etwa 80–100 Meter heran, ohne daß die Tiere unruhig werden oder gar die Flucht ergreifen.

Das Schlafen und Sonnen auf den Sänden im Wattenmeer scheinen für das Wohlbefinden des Seehundes eine große Rolle zu spielen. Schlafen kann der Seehund allerdings auch im Wasser. Er treibt dann aufrecht und dümpelt zum Atmen nur gelegentlich mit der Nasenspitze heraus.

Bei Flutzeit ist der Seehund auf Beutefang. Er fängt fast ausschließlich Fische, gelegentlich auch Krebstiere, und benötigt eine tägliche Nahrungsmenge von etwa 5 kg. Das sind etwa 20–30 Plattfische, und diese Menge verrät, warum der Seehund von Fischern nicht gerne gesehen wird und früher als schädlich galt, macht aber auch deutlich, daß das Ökosystem seines Lebensraumes in Ordnung sein muß, auch für Fische und deren Ernährung.

Die Sandbänke im Wattenmeer sind aber auch für die Fortpflanzung von entscheidender Bedeutung. Hier werden im Juni-Juli die jungen Seehunde geboren, wobei die Seehündin offenbar den Zeitpunkt der Geburt entsprechend den Gezeiten regulieren kann. Nur wenige Stunden verbleiben dem Jungtier für die erste Orientierung seines Lebens. Dann kommt die Flut zurück, und der junge Seehund, der allerdings schon eine erstaunliche Körpergröße hat, muß nun schwimmen. Gelegentlich mag das Jungtier während des Aufenthaltes im Wasser auf dem Rücken der Mutter ruhen. Jedenfalls ist der Zusammenhalt zwischen Jungtier und Mutter zunächst sehr intensiv, was im unruhigen Element aber kein Wunder ist.

In der Regel bringt die Seehündin nur ein Junges zur Welt. Aber bei etwa 10 % der Geburtenfälle werden Zwillinge geboren, und nun hat es die Seehündin nicht leicht, beide, zunächst noch unbeholfenen Jungtiere, zusammenzuhalten. Das eine treibt hierhin, das andere dorthin, und die Mutter kann nur bei einem bleiben. Bald ist die Trennung vom anderen Jungtier perfekt und dieses kommt dann als »Heuler« an die Küste. »Heuler« können allerdings auch bei Einzeljungen entstehen, etwa wenn durch Motorboote erhebliche Störungen erfolgen und die Tiere panikartig auseinanderflüchten. »Heuler«, so genannt wegen des heulenden Lautes, den diese oft nur wenige Tage alten Jungen von sich geben, werden von eigens dazu bestellten Seehundsbetreuern zu den Aufzuchtstationen in Büsum, Bremerhaven oder Norden – Norddeich geschickt. Dort werden sie mit einer konzentrierten Milch-Fischmischung, welche die nahrhafte Seehundsmilch mit einem Fettanteil von fast 45 % ersetzt, zunächst auf unsanfte Weise ernährt, nehmen aber schnell zu und fangen bereits im Alter von etwa sechs Wochen an, selber zu fressen. Seehunde werden, wie alle Robbenarten, bald selbständig. Im Oktober, November werden die Jungtiere in geeignete Reviere ausgebracht und beginnen, zwecks weiterer Beobachtung entsprechend markiert, ihr eigenes Leben.

Draußen in der freien Nordsee dauert die Verbindung zwischen Mutter und Jungtier nur etwa einen Monat. Denn schon im August erfolgt die Neuverpaarung. Zwischen den Seehundsrüden kommt es nicht selten zu schweren Beißereien mit empfindlichen Wundmalen im Bereich des Halses. Um Aufmerksamkeit und Paarungsbereitschaft zu verkünden, geben die Rüden im Wasser ein blubberndes Geräusch von sich. Die Begattung erfolgt ebenfalls im Wasser.

Neben dem Seehund ist seit den 1960er Jahren noch eine weitere Robbenart an der deutschen Nordseeküste heimisch geworden – die Kegelrobbe. Ein Rudel von bis zu 20 Tieren hält sich ganzjährig auf einer großen Sandbank westlich der Insel Amrum auf und immer wieder erscheinen auch Tiere bei den Ostfriesischen Inseln.

Kegelrobben werden wesentlich größer als Seehunde, Bullen bis zu 3 Meter lang. Vermutlich stammen die hier eingewanderten Exemplare von schottischen Küsten. Im Gegensatz zum Seehund haben diese Robben im Wattenmeer jedoch ein spezielles Fortpflanzungsproblem: Die Jungen werden in einem weißen Embryonalfell geboren und können erst im Alter von vier Wochen schwimmen. Die Geburt erfolgt zwischen November–Januar, also in einer recht stürmischen Jahreszeit. Bei geringen Sturmfluten werden auch die hohen Seesände vor Amrum überflutet und die jungen Kegelrobben müssen ertrinken. Immerhin wurden in den Jahren 1985 und 1986 erstmalig mehrere Geburten nachgewiesen und in einigen Fällen scheint die Aufzucht infolge anhaltender Ostwinde und entsprechend niedriger Wasserstände gelungen zu sein. Normalerweise bringen die Kegelrobben ihre Jungen an Stränden und Felsenküsten über der mittleren Hochwasserlinie zur Welt und säugen ihren Nachwuchs dort, bis er schwimmfähig ist.

Gelegentlich verirrt sich noch eine dritte Robbenart bis an die deutsche Nordseeküste – die Ringelrobbe, die wesentlich kleiner als unser Seehund ist. Und Ende der 1950er Jahre tauchte am Sylter Strand sogar ein Walroß auf und wurde dort erlegt.

Dem Seehund galt bei der Ausarbeitung der Nationalparkgrenzen und der verschiedenen Schutzzonen die besondere Aufmerksamkeit. Die meisten Ruhebänke liegen in der Zone mit Betretungsverbot. Aber etliche Bänke liegen auch außerhalb und dürfen von Ausflugsschiffen besucht werden. Dies geschieht von den Schiffsführern in verantwortungsvoller, vorsichtiger Weise, so daß die Tiere nicht beunruhigt werden.

Zugvogelschar im Watt

Vogelwelt im Wattenmeer

Unzählige Vögel beleben das ganze Jahr hindurch die Weite des Wattenmeeres und den hohen Himmel über allen Landschaften an der Nordseeküste. Im Frühjahr und Herbst ziehen Massen von Zugvögeln, vor allem Limikolen – Knutts, Alpenstrandläufer, Pfuhlschnepfen, Goldregenpfeifer, Brachvögel und Wildgänse – durch oder rasten nahrungssuchend oder ruhend auf den Watten und den Salzwiesen. Im Sommer aber sind alle Reviere, Deichvorländer, Marschenwiesen, Dünen, Sandbänke und Strände von Brutvögeln besetzt und überall findet man Gelege oder beobachtet Vogeleltern beim Führen ihrer Jungen. Balz-, Brut- und Betreuungszeit werden begleitet von aufgeregten Rufen, die Tag und Nacht Luft und Landschaft erfüllen. Nirgends sonst spielen Vögel optisch und akustisch eine so große Rolle wie an der Nordseeküste.

»Allerweltsvogel« des Wattenmeeres ist eigentlich nicht die all-

Austernfischer

Rotschenkel

Brandgänse

Silbermöwen

Küstenseeschwalbe

Ringelgänse

seits bekannte Silbermöwe, sondern der Austernfischer. Dieser auffällige schwarzweiße Vogel mit dem orangeroten Schnabel stellt keine großen Ansprüche an sein Brutrevier und so ist er allenthalben als Brutvogel anzutreffen, sogar auf Baustellen und auf Flachdächern mit Kiesauflage. Der Austernfischer macht auch kein eigentliches »Nest«. Die drei Eier, genauso groß wie Hühnereier, liegen einfach am Boden in einer bescheidenen Mulde, sind aber durch schwarze Flecken der Umgebung in der Regel gut angepaßt. Beide Eltern brüten und betreuen auch gemeinsam die geschlüpften Jungen, die als »Nestflüchter« durch das Gelände geführt werden. Austern kann der Austernfischer allerdings nicht fischen. Er lebt vor allem von Gewürm, das er in den Wiesen und im Watt mit seinem derben Schnabel hervorstochert. Er kann aber auch Miesmuscheln öffnen. Außerhalb der Brutzeit sind Austernfischer scharenweise im Watt und am Strande anzutreffen. Wenn der Winter nicht zu streng wird, bleiben sie in der Brutheimat und besetzen bereits ab Februar ihr altes Brutrevier.

Auch der Rotschenkel ist ein Charaktervogel der Nordseeküste. Er kommt zwar auf Feuchtwiesen im Binnenlande vor, ist aber nirgends so häufig wie an der Küste. An windstillen Vorfrühlingstagen steigen die Männchen auf und lassen ihr melodisches Balzläuten über Marschen und Salzwiesen hören. Das Gelege ist aber gut unter überstehenden Gräsern verborgen.

Zur Familie der Limikolen zählt auch der hochbeinige Säbelschnäbler. Der schwarzweiß gezeichnete Vogel hat einen aufwärts gebogenen Schnabel, mit dem er im Flachwasser nach Kleingetier »säbelt«. Anders als seine Verwandten kann der Säbelschnäbler ausgezeichnet schwimmen. Durch Landgewinnungs- und Eindeichungsmaßnahmen mit Salzwiesen und Lagunen sind diesem Vogel, der an der Nordseeküste schon fast verschwunden war, neue Brutreviere entstanden, die seinen speziellen Ansprüchen entsprechen.

Weniger auffällig als die Vorgenannten sind Sandregenpfeifer und Seeregenpfeifer. In ihren Brutrevieren sind diese nur reichlich starengroßen Vögel zwischen Muschelschalen und Geröllen kaum zu sehen und verraten ihre Anwesenheit nur durch ihre Warnrufe. Noch weniger findet man die Gelege, die in der Umgebung optisch völlig verschwinden.

Der schönste Vogel des Wattenmeeres ist die Brandgans. Ein roter Schnabel, rote Beine, ein kontrastreiches Schwarzweißgefieder mit rostbraunem Brustband und grünem Flügelspiegel kennzeichnen diese Art. Brandgänse werden auch Brand*enten* genannt. Genau genommen stehen sie systematisch zwischen Gänsen und Enten. Wegen ihres auffälligen Gefieders brüten Brandgänse in Höhlen, vor allem in den Höhlen der Wildkaninchen, die es in großer Zahl auf etlichen Nordseeinseln gibt. Die geschlüpften Gössel werden bald aus der Bruthöhle herausgeführt und zum Wattenmeer gebracht.

Im nordfriesischen Wattenmeer ist die Eiderente der häufigste Entenvogel. Diese nordische Art begann erst Mitte des vorigen Jahrhunderts auf Sylt und dann ab den 1880er Jahren auch auf Amrum zu brüten. Auf Sylt ist die Eiderente wegen der über den Hindenburgdamm dort eingewanderten Füchse als Brutvogel wieder verschwunden. Auf Amrum aber brüten an die 800 Paare. Und seit den 1970er Jahren breitet sich die Eiderente weiter nach Süden aus. Auf einigen Halligen und auf mehreren Ostfriesischen Inseln (Borkum, Memmert, Norderney, Spiekeroog) sind jetzt ihre Nester mit den grünen Eiern im Daunenkranz zu finden.

Häufigster Brutvogel der deutschen Nordseeküste mit fast 50 000 Paaren (1987) ist die Silbermöwe. Doch konzentrieren sich die Brutpaare oft in großen Kolonien (Memmert über 14 000, Langeoog über 6 000). Silbermöwen lernt der Nordseebesucher schon in den Häfen des Festlandes und bei der Überfahrt zu Inseln und Halligen kennen.

Auch die Silbermöwe hat mehrere Familienverwandte an der Nordseeküste. Sehr ähnlich, aber viel kleiner ist die Sturmmöwe. Die Heringsmöwe ist an den schwarzen Flügeldecken zu erkennen, die bei der westlichen Rasse allerdings eher schiefergrau, nur bei der skandinavischen und baltischen Rasse samtschwarz sind. Die erstere Rasse breitet sich neuerdings als Brutvogel über mehrere ostfriesische Inseln aus, während die skandinavische Heringsmöwe vor einigen Jahren Amrum und Trischen an der schleswig-holsteinischen Westküste besiedelte.

Sehr häufig ist seit den 1950er Jahren auch die Lachmöwe an der Nordseeküste geworden. Ursprünglich brütete diese Art im Binnenlande, an Sümpfen und Seen. Jetzt aber zählt man auf vielen Inseln und Halligen Lachmöwen-»Kolonien« mit jeweils über tausend Brutpaaren (Rantum-Becken, Sylt, Hauke-Haien-Koog, Juist, Spiekeroog und nicht weniger als 7 000 auf Baltrum). Nach der Brutzeit verliert die Lachmöwe ihr dunkelbraunes Kopfgefieder, nur ein dunkler Fleck bleibt hinter den Augen zurück.

Möwen sind mit 44 Arten in allen Erdteilen vertreten, die den Möwen verwandten Seeschwalben mit 42. Von diesen 42 Arten brüten aber nur 5 im Bereich der deutschen Nordseeküste. Am verbreitetsten sind Fluß- und Küstenseeschwalben, die sich sehr ähnlich sind und auch oft in gemeinsamen Kolonien brüten. Das wesentlichste Unterscheidungsmerkmal ist die schwarze Schnabelspitze der Flußseeschwalbe gegenüber dem einfarbig roten Schnabel der Küstenseeschwalbe. Letztere fallen im Brutgebiet auch auf durch ihre Angriffslust. Mit wütendem Krächzen stürzen sie auf Störenfriede herab und können Menschen erheblich am Kopf verletzen. Mit einigen wenigen Paaren bis zu kleinen Kolonien sind beide Arten auf fast allen Inseln und Halligen vertreten.

Häufigste Seeschwalbe der Nordseeküste ist derzeit die Brandseeschwalbe. Sie kommt aber nur auf einigen wenigen unbewohnten Eilanden vor, zum Beispiel auf der Hallig Norderoog und auf der wandernden Insel Trischen vor Dithmarschen. Dort aber brütet die Brandseeschwalbe in konzentrierten Kolonien, die mehrere tausend Brutpaare umfassen. Diese Seeschwalbenart ist aber sehr unstet, erscheint in schwankender Zahl und wechselt auch öfter den Brutort.

Ganz spezielle Ansprüche an ihren Brutplatz stellt die kleinste unserer heimischen Seeschwalben – die Zwergseeschwalbe. Sie bevorzugt Sandstrände mit Muschelschalen. Dort aber ist sie nicht ungefährdet. Sandstrände sind auch Lebens- bzw. Erholungsraum des Menschen während der sommerlichen Badezeit, so daß die Zwergseeschwalbe nur noch an wenigen ungestörten Plätzen, in der Regel innerhalb von Vogelschutzgebieten vorkommt.

Noch seltener ist aber die Lachseeschwalbe. Sie war schon seit vielen Jahren von der Nordseeküste als Brutvogel verschwunden und wurde erst 1965 wieder registriert. Diese fast lachmöwengroße Seeschwalbenart ist eigentlich in wärmeren Ländern zuhause, hat sich aber an der Nordseeküste einen isolierten Restbestand bewahrt, vermutlich als Relikt einer vorgeschichtlichen Warmzeit. Lachseeschwalben leben von Insekten, Würmern, Mäusen und rauben auch Gelege und Jungvögel – alle anderen Arten aber sind ausschließlich Fischfresser, die ihre Beute stoßtauchend fangen.

Seeschwalben sind wahre Sommergäste. Sie kommen spät, erst im April, und ziehen mit den gerade flügge gewordenen Jungen im Juli-August schon wieder davon, bis hinunter nach Südafrika oder gar, wie die Küstenseeschwalben, bis zum Eisrand der Antarktis. See- und Wasservögel spielten in früheren Jahrhunderten für die Ernährung der Insel- und Küstenbevölkerung eine große Rolle. In der Brutzeit wurden die Gelege gesammelt, und in der Zugzeit waren die Vögel Gegenstand eifriger Jäger. Mit Flinten und Stellnetzen stellte man vor allem den Scharen der Ringelgänse nach. Eine besondere Bedeutung hatten auch die Vogelkojen auf den nordfriesischen Inseln Sylt, Föhr, Amrum, Pellworm und Nordstrand sowie an der Küste Ostfrieslands. Hier handelte es sich um Fanganlagen für durchziehende Wildenten, im 18. und 19. Jahrhundert nach holländischem Vorbild errichtet. Vogelkojen bestehen aus einem großen, quadratischen Teich, von dessen Ecken bogenförmige Seitenkanäle, die sogenannten »Pfeifen« abzweigen. Diese »Pfeifen« waren mit Ausnahme der Öffnung zum Teich allseitig mit Netzen umspannt und endeten in einer Reusenanlage. Hinter Schilfkulissen versteckt, streute der Kojenmann leichtes Futter in das Wasser jener »Pfeife«, aus der der Wind herauswehte, lockte damit die Wildenten heran und trieb sie schließlich in die Reuse, aus der es kein Entrinnen mehr gab. Hunderttausende von Wildenten, vor allem Spieß-, Pfeif- und Krickenten, gingen in die Netze der Vogelkojen und trugen zur Versorgung der Bevölkerung bei. Allerdings wurden die damals sehr großen Entenscharen durch den Massenfang auch erheblich dezimiert. In den 1930er Jahren wurden die meisten Vogelkojen stillgelegt. Nur auf der Insel Föhr sind noch einige in Betrieb, aber mit entsprechenden Auflagen.

Die Bedrohung der Vogelbestände durch die Jagd und seit der Jahrhundertwende auch durch den wachsenden Fremdenverkehr, rief rechtzeitig Männer auf den Plan, die sich um den Seevogelschutz bemühten. Im Raume Ostfriesland war es vor allem die Familie Leege, im Bereich der nordfriesischen Inseln der aus Hamburg stammende Prof. Dietrich, der 1907 mit Gleichgesinnten den Vogelschutzverein »Jordsand« gründete und zwei Jahre später die Hallig Norderoog erwarb, um die dortige Brandseeschwalbenkolonie gegen die Eierräubereien der benachbarten Halligbewohner zu schützen. Heute gibt es kaum eine Nordseeinsel ohne Seevogelschutzgebiet. Einige unbewohnte Halligen (Norderoog, Habel) und Sandinseln (Trischen, Scharhörn, Knechtsand, Mellum, Minsener Oldeoog, Memmert und Lütje Hörn) sind ganz den Vögeln überlassen. Sie werden in der Brutzeit bewacht von Vogelwärtern der Betreuungsvereine »Jordsand«, »Mellumrat«, »Bund für Vogelschutz«, dem Bauamt Norden und anderen Vereinen und Organisationen.

Schlickgras

Flora zwischen Land und Meer

Wenn im Juli-August auf den Halligwiesen und Deichvorländern der Strandflieder blüht und sich als rosavioletter Teppich im Grün des Andelgrases ausbreitet, setzt die Salzflora der Nordseeküste im Ablauf der sommerlichen Blütezeit ihren eindrucksvollsten Akzent in das Landschaftsbild. Denn andere Blumen treten in dieser extremen Landschaft des Windes und der Sturmfluten viel bescheidener auf.

Die Pflanzenwelt der Küste wird vor allem durch zwei Landschaftsformen mit entsprechenden Pflanzengesellschaften geprägt – durch jene des schlickigen Wattufers und den angrenzenden Salzwiesen sowie durch den sandigen Strand mit den hier aufgewehten Wällen und Dünen. Im Uferbereich des Wattenmeeres stehen die runden Porste des Englischen Schlickgrases, noch weiter hinaus als der Queller. Schlickgras wächst noch bis etwa einen halben Meter unter der Hochwasserlinie. Ursprünglich in Nordamerika vorkommend und dann an der Kanalküste wachsend, wurde diese Pflanze zum Zwecke der Neulandgewinnung Ende der 1920er Jahre auch an der schleswig-holsteinischen Westküste ausgesät und hat sich hier stark verbreitet, dabei der ursprünglichen Schlick- und Pionierpflanze Queller oft die Daseinsmöglichkeiten nehmend. Doch haben sich die Erwartungen nicht erfüllt. Das Schlickgras wächst in runden Porsten, die Strömungskreisel und Auskolkungen verursachen.

Der Queller erinnert mit seinen durchweg rund 20 cm hohen, fleischigen Büscheln an kleine Kakteen – nicht ohne Grund. Beide speichern in ihrem Gewebe viel Wasser, der Kaktus, um Trockenzeiten zu überdauern, der Queller, um schädliche Salzkonzentration zu vermeiden. Die Blätter des Quellers sind schuppenartig zurückgebildet und mit den Ästen verwachsen. Blüten und Insekten spielen in diesem Lebensraum auch keine Rolle, vielmehr erfolgt die Befruchtung und Verbreitung der Quellersamen durch die Flut, die täglich zweimal über die Quellerbestände geht.

An der Uferkante, aber noch im Überflutungsbereich, wächst eine Pflanze, die dem Queller ähnlich ist – die Strand-Sode. Ihre langen Stengel mit den grünen oder roten Blättern liegen aber auf dem Boden.

Das langsam aufwachsende oder mit einer Steilkante aufsteigende Wattufer ist über der Hochwasserlinie mit grünem Andelgras dicht bewachsen und von verschiedenen Salzpflanzen durchsetzt. Unmittelbar am Boden kriechend breitet sich das Strand-Milchkraut aus, im Hochsommer mit einer Fülle rotweißer Blüten geschmückt. In lichteren Stellen kann sich die Salz-Schuppenmiere behaupten und ihre weißen, violett geränderten Blütensterne zeigen. Auch sie hält sich wegen des Windes am Boden.

Viel auffälliger präsentieren sich auf den Salzwiesen die weißen Blütenköpfchen des Dänischen Löffelkrautes und setzen im Mai, wenn andere Blumen noch auf sich warten lassen, einen ersten Schmuck in die noch vorfrühlingshafte Landschaft.

Mit fortschreitender Jahreszeit erscheint dann der silbrigglänzende Strandbeifuß in dichten Beständen am Wattufer und an den Grabenkanten der Salzwiesen. Die Büschel dieser Pflanze wirken wie Filigranwerk und verströmen einen herbwürzigen Duft.

Grabenkanten sind auch der bevorzugte Lebensraum der Strand-Salzmelde, die sich in Büschelform mit silbriggrünen Blättern zeigt. Und dazwischen finden auch die Porste des Strand-Dreizacks mit ihren langen spitzen Blättern Platz.

Queller

Strand-Beifuß

Strandflieder

Meersenf

Strand-Platterbse

Strandhafer

51

In diesen Bereich, der nicht mehr täglich überflutet wird, aber doch bei Spring- und Sturmfluten unter Salzwasser gerät, gehört auch noch der Strand-Wegerich, der aus einer bodenständigen Rosette nach allen Seiten seine breiten, saftigen Blätter ausbreitet und den ganzen Sommer hindurch auf hohen Stengeln seine walzenförmigen Ähren mit den gelben Staubbeuteln in den Wind reckt. Wie bei anderen Pflanzen an der insektenarmen aber windreichen Meeresküste, erfolgt auch hier die Bestäubung durch den Wind. Die Blätter des Strandwegerichs werden von den Küstenbewohnern, insbesondere auf den Halligen, geschnitten und als Gemüse gekocht.

Zwei Salzblumen aber fallen in der Gesellschaft der Salzwiese besonders auf – Strandaster und Strandflieder. Strandastern wachsen ungeachtet des Windes im Sommer über einen halben Meter hoch auf und überragen damit alle anderen Pflanzen dieses Lebensraumes. Zunächst sind sie mit einer Fülle violetter Zungenblüten und gelben Röhrenblüten geschmückt und schicken dann im Spätsommer und Herbst ihren Samen in leichten, flugfähigen »Wattebäuschen« mit dem Wind auf die Reise.

Der Strandflieder hingegen hält die breiten, rosavioletten Blütenkronen auf derben Stengeln nur etwa handhoch über dem Boden, überzieht aber dicht an dicht stehend oft hektarweise das Hallig- und Salzwiesenland und erinnert fast an die spätsommerliche Heideblüte. Der Strandflieder wird auf den Halligen »Bondestave« genannt. In der Nähe von Badeorten haben die Bestände des Strandflieders stellenweise gelitten, so daß sie in eine entsprechende Schutzverordnung einbezogen wurden. Der Strandflieder verträgt aber sehr gut eine extensive, zeitlich begrenzte Beweidung und die Mahd, während er auf naturbelassenen Salzwiesen unter dem hochwachsenden und dann sich umlegenden Andelgras bald erstickt.

*

Salzvertragend und salzliebend, den austrocknenden Winden und anderen Extremen ebenso angepaßt wie die Flora der Salzwiesen, aber doch von einer ganz anderen Artenzusammensetzung, ist die Pflanzengesellschaft des sandigen Wattenmeerufers bzw. des nordseeseitigen Sandstrandes. Hier beginnt das Pflanzenleben erst über dem Flutsaum des Springtidehochwassers. Je nach Bodenverhältnissen bedeckt dort die Salzmiere mit ihren kurzen Stengeln und fleischigdicken, grünen Blättern den Grund oder wachsen hohe, ge-

Stranddistel

schlossene Bestände der Strand-Melde auf dem mit »Flutsaum-Dung« angereicherten Strandwällen.

Der Humus alter, versandeter Flutsäume bildet auch die spezielle und beschränkte Daseinsgrundlage des Meersenfs, dessen weit ausladende Büsche bis weit in den Oktober hinein mit weißen und violetten Blüten verziert sind. Der Meersenf ist eine einjährige Pflanze und seine Samen müssen sich jedes Jahr neue Lebensräume suchen.

Verstreut im Sande wachsen die grünen, stacheligen Büsche des Salzkrautes, dessen winzige Blüten an den Stengeln sitzen und einem oberflächlichen Wanderer kaum ins Auge fallen.

Auf kleinen Minidünen am Strand und auf Sandbänken, die lange Zeit nicht überflutet wurden und durch Regen ausgesüßt sind, ist die Binsenquecke, auch Strandweizen genannt, oft die erste Pionierpflanze. Sie breitet sich porstartig durch unterirdische Wurzelausläufer aus und trägt zum weiteren Aufwachsen der Düne bei. Als nächste Pflanze folgt dann der Strandroggen und schließlich die wohl bekannteste Dünenpflanze, der Strandhafer. Auf höheren Dünen und

Sonnentau   *Lungenenzian*

insbesondere im Bereich von Wanderdünen kann sich der Strandhafer oft als einziger Vertreter der Pflanzenwelt behaupten. Vielerorts
wird er zur Befestigung von Dünen und Strandzonen künstlich ange-
pflanzt. Seine Wurzeln reichen metertief hinein in den Boden, und
die langen, spitzen Blätter sind eingerollt, um die Verdunstung zu re-
duzieren.

In der Strandzone zwischen Strandroggen und Strandhafer findet
die Strandplatterbse mit ihren Ranken einen Halt. Ihre rotvioletten
Blüten sind die Farbtupfer im grünen Halmenmeer.

An wenigen Stellen wächst auch noch die Stranddistel. Sie gehört
aber nicht wie die Distel zu den Korbblütlern, sondern zu den Dol-
dengewächsen. Im Spätherbst fallen die stacheligen Fruchtkerne aus
den Blütenköpfen der absterbenden Pflanzen und werden von Wind
und Wasser vertrieben. Stranddisteln stehen unter Naturschutz.

Eine ganz eigenartige Pflanzenwelt bieten die Dünen der
Nordseeinseln. Hier wachsen Krähenbeere und Heidekraut, Kriech-
weide, Sandegge und Dünenveilchen. In feuchten Tälern haben sich
sogar Minimoore gebildet, mit Rauchbeere, Moosbeere, Sonnentau,
Lungenenzian, Sumpfbärlapp und Wintergrün.

Blumen und sonstige Pflanzen sind immer am schönsten dort, wo
sie wachsen. Deshalb ist es heute eine Selbstverständlichkeit, sie nicht
zu pflücken!

Inseln, Halligen und Festlandsküste

Eingefügt in die Weite des Wattenmeeres oder sie umkränzend und begrenzend liegen Inseln und Halligen und das grüne Band des Deiches längs der Festlandsküste.

Wirft man einen Blick auf die Landkarte der deutschen Nordseeküste, dann fällt auch dem geologischen Laien die gleichartige, harmonische Reihe der Ostfriesischen Inseln gegenüber dem Wirrwarr der Nordfriesischen Inseln und Halligen auf, und er ahnt, daß hier ganz verschiedene Naturkräfte in zeitlich weit auseinander liegenden Abläufen gewaltet und gestaltet haben.

Im Gefolge der nacheiszeitlichen Überflutung des Nordseebekkens entstand im Bereich des heutigen Küstenraumes eine Vielzahl von bewohnten und unbewohnten Inseln, die dann später im vordringenden Meer versanken oder durch Strömung und Brandung abgebaut worden sind. Römische Entdeckungsreisende, darunter Plinius, haben in den ersten Jahrhunderten der Zeitrechnung diese Inseln noch gesehen oder mit Namen gekannt und von den dort wild wachsenden Bohnen und Bernsteinfunden berichtet. Basilia, Baunonia, Abalus, Burcana, Austeravia, Actavia und Fosetisland sind einige Namen von Inseln, deren Lage sich heute nicht mehr lokalisieren läßt – mit Ausnahme von Helgoland, der damaligen Bernsteininsel Basilia, bei manchen Chronisten auch mit Fosetisland gleichgesetzt und im Jahre 1057 von Adam von Bremen Farria genannt. Und noch bis um 800 nach Chr. lag vor der Emsmündung die Insel Bant.

Vor etwa 6000 Jahren, als der Meeresspiegel höher war als heute und bis an die Geest des niederländisch-norddeutschen Küstenraumes flutete, wurden dort umfangreiche Marschen abgelagert und Wattflächen gebildet. Später entwickelten sich infolge umfangreicher Sandtransporte küstenparalleler Strömungen vor diesem amphibischen Landschaftsraum Strandwälle, die nur hier und da von Meereseinbrüchen unterbrochen waren. In diesen Strand- und Dünenwällen sehen wir die – damals noch weiter seewärts liegenden – Vorläufer der heutigen West- und Ostfriesischen Inselkette.

Wohl liegen Bodenschichten und Gerölle der vorletzten, der Saaleeiszeit im Bereich des niederländisch-ostfriesischen Küstenraumes, jedoch in Tiefen von 5 bis 25 Metern. Nur die Insel Texel hat, wie die drei nordfriesischen Inseln Sylt, Föhr und Amrum, einen Kern aus Geschiebelehm der genannten Eiszeit. Alle anderen West- und Ostfriesischen Inseln sind reine Sandinseln aus aufgespülten Seesänden, an deren Südseiten im Wind- und Wellenlee mehr oder weniger umfangreiche Salzwiesen aufschlickten. Die Marschen (Heller) dieser Inseln haben aber entsprechend ihrer Entstehungsgeschichte nur eine Mächtigkeit von 30–50 cm.

Das Merkmal der West-Ostfriesischen Inseln war und ist – von Insel zu Insel unterschiedlich ausgeprägt – ein ständiges Wandern nach Osten, analog dem parallel vor den Inselküsten von Westen nach Osten fließenden Gezeitenstrom und in gleicher Richtung vorherrschenden Brandungsbewegung. Entsprechend dieser ständigen Veränderungen sind einige Inseln in vergangenen Jahrhunderten wieder verschwunden oder haben sich geteilt und neue Inseln gebildet, wie Buise, dessen Ostende sich im Laufe des 17. Jahrhunderts zur heutigen Insel Norderney entwickelte, während der westliche Teil allmählich im Meere verschwand. Bei einigen Inseln liegt die heutige Westseite beinahe dort, wo vor etlichen Jahrhunderten noch die Ostseite war, und entsprechend mußten die Siedlungen und Kirchen verlegt werden. Ein besonders eindrucksvolles Beispiel für die Ostwärtswanderung einer Insel ist Wangerooge. Hier wurde mitten auf der Insel in den Jahren 1597–1601 ein gewaltiger, über 40 m hoher Leucht- und Wehrturm errichtet. Nach vorangegangenem Abtrag des westlichen Inselteiles stand der Turm nach einer schweren Sturmflut um die Jahreswende 1854/55 außerhalb des Inselufers, hielt aber wegen seiner Mächtigkeit der Flut noch lange stand. Erst nach Ausbruch des 1. Weltkrieges wurde er auf Anordnung der Marineleitung gesprengt, damit er feindlichen Schiffen nicht als Orientierung diene.

Doch verhalten sich die auf die ostfriesischen Inseln einwirkenden Kräfte nicht gleichmäßig. Einige Inseln erhielten an ihren bedrohten Westseiten durch die günstige Lage von Nachbarinseln soviel Sandzufuhr, daß kein Abbruch erfolgte. Das beste Beispiel dafür ist Langeoog, wo bis zur Gegenwart kein massiver Küstenschutz nötig ist, weil die sich an der Ostseite von Baltrum ablösenden Sandriffe direkt auf den Weststrand von Langeoog stoßen.

Die anderen ostfriesischen Inseln erhielten in der Zeit zwischen 1857 und 1874 feste Deckwerke am Weststrande, Juist aber erst 1913 auf einer kleinen Strecke am Nordstrand, weil dieser Insel auch an der Westseite eine riesige Sandbank zuwuchs.

Der Ostverlagerung der ostfriesischen Inseln ist heute also mittels massiver Küstenschutzwerke Einhalt geboten. Trotzdem vergrößer-

Sandbank mit Strandweizen

Dünenstrand mit Sandwatt

ten sich etliche Inseln nach Osten durch angelagerte Sandplaten, auf denen sich mittlerweile Dünen bilden. Besonders ausgeprägt ist eine solche Plate am Ostende von Spiekeroog. Doch sind dem Wachstum solcher Ostplaten Grenzen gesetzt, weil zwischen allen west-ostfriesischen Inseln tiefe Strombetten liegen, durch welche der Gezeitenwechsel zum Wattenraum zwischen der Inselkette und der Festlandsküste getragen wird. Sobald eine Plate oder die Ostspitze einer Insel an diese Ströme stößt, wird der Sand vom Ebbestrom hinaus in die See befördert und bildet hier Sandriffe, die ostwärts um die Mündung der großen Wattenströme herumwandern und schließlich bei der benachbarten Insel wieder an die Küste herangeführt werden.

Sandinseln werden und wachsen aber auch in der Gegenwart, sei es durch die Dynamik der Naturkräfte oder Mithilfe des Menschen. Beispiele der letzteren Art sind Memmert und Minsener Oldeoog im ostfriesischen Wattenmeer. Memmert war um die Jahrhundertwende noch eine riesige Sandplatte, die kaum über Mittelhochwasser lag. Dann begann Otto Leege Buschzäune und Strandhafer zu pflanzen und in kurzer Zeit wuchsen Dünen auf. Sein Sohn setzte das Pionierwerk fort und heute ist Memmert eine etwa 120 ha große Düneninsel mit leeseitigen Salzwiesen. Im einzigen Haus wohnt ein Vogelwart, der zugleich für Küstenschutzmaßnahmen zuständig ist. Auf Memmert brüten fast 15 000 Silbermöwen und rund 1 000 Heringsmöwen (1986).

Vogelschutzgebiet ist auch Minsener Oldeoog, eine kleine Sandinsel an der Außenjade östlich von Wangerooge. Strombaumaßnahmen und militärische Anlagen während des 2. Weltkrieges begünstigten hier die Entwicklung einer Insel.

Von Natur aufgewachsen aber sind Lütje Hörn bei Borkum, Mellum auf dem hohen Watt zwischen Außenjade und Außenweser, Knechtsand und Scharhörn vor Cuxhaven und an der Elbemündung. Hier haben sich auf hohen Sandbänken einmal erste spärliche Salzpflanzen wie Binsenquecke, Meersenf oder Salzkraut angesiedelt, in deren Windschutz sich stiebender Sand ablagerte und schließlich zur Bildung von ersten Dünen führte. Deren ganzjähriger Bewuchs mit Strandhafer hat die Aufsandung weiter begünstigt, und schließlich begann sich im Lee des Dünenwalles Schlick abzulagern, wuchsen Schlickgras, Queller und Andelrasen und bildeten eine grüne Salzwiese.

Solche aufgewachsenen, von Menschen unbewohnten Inseln,

Vorland mit Schafen

Kliffküste mit eiszeitlichem Steingeröll

bleiben aber Spielbälle der Natur. So, wie sie entstanden, so können sie auch bald durch sich ändernde Bedingungen wieder abgebaut werden. Erst wenn der Mensch eine Insel in Besitz nimmt, besiedelt und wirtschaftlich nutzt oder für sonstige Aufgaben verwendet und durch entsprechende Küstenschutzmaßnahmen sichert, kann sie bestehen. Dafür ist die Marscheninsel Neuwerk vor Cuxhaven-Duhnen ein Beispiel. Auf der Anno 1299 noch unbewohnten Insel »0« erbaute die Hansestadt Hamburg einen mächtigen, noch heute stehenden Turm als Seezeichen für die Einfahrt zur Elbe und als Festungswerk, das »Neue Werk«, auf einer zuvor aufgetragenen Warft. In den Jahren von 1556–1569 erhielt die Insel einen ersten Deich, der in der Folgezeit noch öfter verstärkt und erhöht worden ist. Die heute knapp 3 ha große Insel wird von etwa 40 Menschen bewohnt.

Aber nicht immer gewährleisten Besiedlung und Küstenschutz den Bestand einer Insel, wie das Werden und Vergehen der Insel Trischen vor der Küste von Dithmarschen beweist. Nachdem es schon im Laufe des 18. Jahrhunderts zu einer ersten, aber wieder sich auflösenden Inselbildung auf einer Plate gekommen war, wuchsen Mitte des vorigen Jahrhunderts der sichelförmige Buschsand mit den Sänden Polln und Riesensand zusammen und bildeten auf ihren Rücken Dünen. Um 1854 zeigte sich im Lee dieser Dünensände bereits ein erheblicher Anwachs von Grünland, dessen Fläche kurz vor der Jahrhundertwende auf fast 200 ha angestiegen war. Bei dieser Größe lohnte sich eine landwirtschaftliche Nutzung. Ein Pächter fuhr mit 200 Schafen zur Insel und wohnte in einer Holzhütte auf den sturmflutsicheren Dünen. Aber schon 1896 errichtete die preußische Domänenverwaltung einen Ringwall, in dessen Schutz ein geräumiges Schäferhaus entstand. Aber es dauerte nur wenige Jahre, dann gingen Sturmfluten und Versandung über das Menschenwerk hin. Eine schon um 1800 auf dem Buschsand erbaute Rettungsbake, ein Festpunkt, der die ständige Ostwärtswanderung der Plate markierte, war schon vorher, 1890 bei einer Sturmflut zusammengestürzt und mußte ein sechstes Mal am Ostufer von Trischen neu errichtet werden.

Aber Anfang der 1920er Jahre hatte sich erneut umfangreiches Marschenland im Schutz der wandernden Dünenwälle gebildet, und wenig später wurde durch den Konsul Jürgen Brandt aus Rendsburg, der die Insel gepachtet hatte, ein Deich gebaut, der den 78 ha großen »Marienkoog« umschloß. Im Schutze von Dünen und Deich entstand ein Bauerngehöft, und schon im ersten Jahre, 1924, wurden

Kartoffeln, Rüben und Hafer geerntet. Nun sah sich auch die Domänenverwaltung erneut genötigt, den Bestand der Insel Trischen durch Deicherhöhung und Dünenschutz zu sichern. Zur Westseite wurden Buhnen hinausgebaut und das Ufer mit Steindecken belegt. Mitte der 1930er Jahre war Trischen die scheinbar am stärksten gesicherte Insel der deutschen Nordseeküste.

Aber während im Koog noch reiche Ernten eingebracht wurden, bereitete die Nordsee den Untergang des Trischen-Kooges vor. Die schwere Sturmflut vom Oktober 1936 vernichtete fast das gesamte Schutzwerk des Dünenwalles und brach 1942 von der Seeseite erstmals in den Koog ein. Ein Norddeich riegelte den Durchbruch zunächst ab, aber im Frühjahr 1943 drang eine Sturmflut erneut in den Koog. Der betroffene Landwirt zog mit den Resten seiner Habe zum Festlande, und Trischen gehörte nun wieder der Natur. Seit 1948 ist die Insel Seevogelschutzgebiet, betreut vom Bund für Vogelschutz, dessen Vogelwärter in einer kleinen Hütte hausen.

Immer noch wandert die Insel nach Osten, getrieben von Wellen und Wind. Und während an der Westseite, draußen auf dem Strand und im Watt die Zeugen einstiger menschlicher Besiedlung auftauchen, über welche das Eiland hinweggewandert ist, bilden sich an der Ostseite des halbmondförmigen Inseldünenwalles immer wieder Salzwiesen. Wie keine andere Insel ist Trischen ein Beispiel vom Werden und Vergehen einer Landschaft an der Nordseeküste innerhalb nur eines Menschenlebens.

*

Ganz anders als der Werdegang der bisher genannten Inseln ist die Entstehungsgeschichte der Inseln und Halligen im nordfriesischen Wattenmeer. Wie schon erwähnt, verraten die verwirrenden, vielfältigen Formen, daß diese Eilande nicht aus den abrundenden Kräften des Meeres erwuchsen, sondern die Reste eines zerrissenen Landes sind.

Man darf wohl annehmen, daß noch nach der Zeitrechnung ein mehr oder weniger großer Zusammenhang zwischen den heutigen Inseln und Halligen bestand, wenn auch einzelne Landesteile durch Flüsse und Ströme, die Verbindung mit der Nordsee hatten, aufgegliedert waren. Vielleicht hat es sogar in den ersten Jahrhunderten nach der Zeitrechnung noch eine Landbrücke in der Gegend von Eiderstedt nach Helgoland gegeben.

Die deutsche NORDSEEKÜSTE
mit dem WATTENMEER,
den INSELN und HALLIGEN
sowie den Grenzen
der NATIONALPARKS

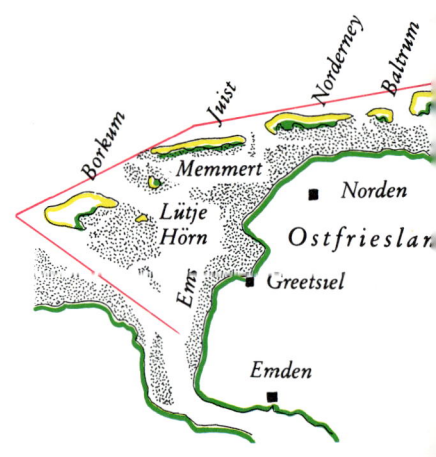

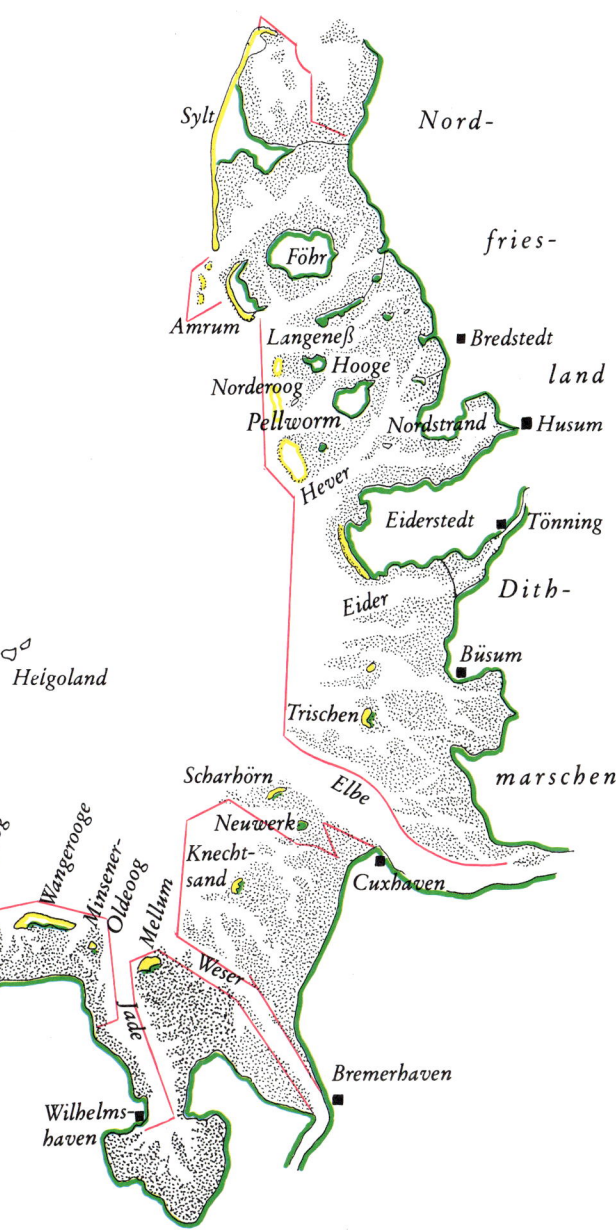

Sylt

Föhr

Amrum

Langeneß

Norderoog

Pellworm

Hooge

Hever

Nord-

fries-

land

■ Bredstedt

Nordstrand

■ Husum

Eiderstedt

■ Tönning

Eider

Dith-

Büsum ■

Heigoland

Trischen

marschen

Elbe

Scharhörn

Neuwerk

Knecht-sand

Cuxhaven ■

...eroog

Wangerooge

Minsener-

Oldeoog

Mellum

Weser

Jade

Wilhelms-haven ■

Bremerhaven ■

Der Landschaftsraum im Bereich des heutigen nordfriesischen Wattenmeeres wurde damals »Uthlande«, die Außenlande, genannt, ein Begriff, der auch gegenwärtig noch gelegentlich verwendet wird. Eine erste urkundliche Erwähnung dieses Gebietes erfolgte im Jahre 1231 im »Erdbuch« des dänischen Königs Waldemar II. Dort ist bereits von Inseln die Rede. Namentlich genannt werden Sylt, Föhr, Amrum, Oland, Utholm und einige Namen, die sich nicht zuordnen lassen.

Sylt, Föhr und Amrum bestehen in ihren Kernen aus Altmoränen der Saaleeiszeit, die auf einer miozänen Aufwölbung liegen und deshalb höher aufragten als die sonstigen Ablagerungen dieser Eiszeit im Bereich der heutigen Nordseeküste. Diese Geesthöhen waren mindestens seit der jungen Steinzeit, seit etwa 4000 vor Chr. bewohnt, wie Grabkammern aus Findlingen und sonstige Funde beweisen. Eine besonders dichte Besiedlung läßt sich für die Bronzezeit nachweisen, als der Bernsteinhandel blühte. Aber auch nach der Zeitrechnung, als die vordringende Nordsee den Lebensraum, die Viehweiden und Jagdgründe in Marschen und Mooren rund um die Geesthöhen schon erheblich reduziert hatte, blieben diese ständig bewohnt. Im 8. Jahrhundert wanderten dann von Südwesten her die Friesen, von Norden kommend, die Wikinger ein und vermischten sich mit der Restbevölkerung. Ringwall- und Turmburgen auf Sylt, Föhr und Amrum sind die heute noch vorhandenen Zeugen einer offenbar kriegerischen Zeit.

Die Vorgänge, die dann zur Bildung von Nehrungen, Hörnum und Listland auf Sylt, Odde und Wittdün auf Amrum führten, werden von Geologen verschieden gedeutet, ebenso die Entstehung von Dünen auf beiden Inseln. Aber ganz offenbar erfolgte dieser Vorgang erst im hohen Mittelalter, im 14./15. Jahrhundert. Darauf deutet nicht nur ein Bericht über Sylt (Hans Kielholt) hin, sondern auch die Tatsache, daß auf dem Geestboden nahe List und unter dem Dünengebiet von Amrum zahlreiche Siedlungsspuren, ganze Dörfer und Ackerland, gefunden und noch vorhanden sind. Diese Spuren werden in das Mittelalter datiert und beweisen, daß die Dünen damals noch nicht vorhanden waren. Denn sicherlich hätten die Inselbewohner keinen Getreideanbau in Dünentälern betrieben. Im Lee der Geestblöcke und der Nehrungen von Sylt und Amrum haben sich Marschen gebildet, die jedoch vergleichsweise gering an Fläche sind und teilweise in den 1930er Jahren eingedeicht wurden, teilweise als

Salzwiesen verblieben. Trotz der langen Leeküsten von Sylt und Amrum zum Wattenmeere hin, erfolgt eine Verlandung nur dort, wo Lahnungen für die Landgewinnungen gebaut sind. Die Insel Amrum zeichnet sich auf der Landkarte, vor allem aber auch in den Augen der Inselbesucher durch eine breite Sandbank aus, die der gesamten Westküste vorgelagert ist und »Kniepsand« heißt. Der Kniepsand ist vor der südwestlichen Inselhälfte bis zu einem Kilometer breit und liegt dort bis zu 1,80 m über Mittelhochwasser. Das Merkmal dieser insgesamt etwa 10 Quadratkilometer großen Sandbank ist ein ständiges Wandern nach Norden. Die entsprechenden Sandmassen dazu werden von Südwesten herangeführt. Der Kniepsand schützt die gesamte Amrumer Westküste gegen die Sturmflutbrandung der Nordsee und läßt durch Sandaufwehungen an der Strandkante neue Dünenwälle entstehen, so daß die Insel gegen Wind und Wellen wächst – ein seltener Vorgang in der Natur.

Die Sylter Küste liegt hingegen auf ganzer Länge von etwa 40 Kilometern zur Seeseite hin im Abbruch. Der Strand gleitet unmittelbar hinunter in die Tiefe der Nordsee und bedingt bei Sturmfluten eine heftige Brandung gegen die Küste von Sylt mit entsprechender Zerstörungsgewalt. Durch wiederkehrende Sandvorspülungen versucht man, die jährlichen Substanzverluste auszugleichen.

Ganz anders sind der Landschaftscharakter und die hydrographischen Verhältnisse von Föhr. Hier fehlen Dünen, weil Föhr im Wind- und Wellenschutz von Amrum und Hörnum-Odde liegt und keine Sandzufuhr von der Seeseite erhält. Diese Insel liegt auf hohen Wattenflächen und fällt bei Ebbe rundum an allen Ufern kilometerweit trocken. Von der 80 Quadratkilometer großen Inselfläche bestehen nur 30 aus Geest, der Rest ist fruchtbare Marsch, die seit Ende des 15. Jahrhunderts im Deichschutz liegt und eine beachtliche Landwirtschaft ermöglicht, während auf den »unfruchtbaren« Nachbarinseln Sylt und Amrum der Fremdenverkehr dominiert.

Wo Föhr nicht im Deichschutz liegt, an der Südwestküste, wird das Ufer geprägt von Geröllstränden aus der eiszeitlichen Geestmoräne, Strandwällen und Kliffkanten. Die Kliffküste von Föhr ist aber nur wenige Meter hoch, entsprechend der viel niedrigeren Höhe des Geestkerns im Vergleich zu Sylt und Amrum. Das Rote Kliff auf Sylt hat eine Höhe von durchschnittlich 18 Metern.

Von den großen Marschen der Uthlande, die noch im Mittelalter an den Geestinseln lagen und den Raum des heutigen nordfriesischen

Marschen-Koog

Wattenmeeres bedeckten, sind nur noch die beiden Marscheninseln Pellworm und Nordstrand als Reste vorhanden. Beide bildeten noch bis zum Jahre 1634 eine große, bogenförmige Insel, etwa 220 Quadratkilometer groß. Bei einer großen Sturmflut am 11. Oktober 1634 brachen an 44 Stellen die Deiche und von den 8 600 Einwohnern ertranken 6 123. In der Folgezeit gelang es nur, die Reste Pellworm und das heutige Nordstrand neu zu bedeichen. Die übrigen Marschen gingen ohne Deichschutz bald verloren. Beschleunigt wurde die Zerstörung durch die tiefe Lage des Landes. Denn der Landschaftsraum von Alt-Nordstrand ist jener, der nach Einwanderung der Friesen im 8. Jahrhundert zuerst kultiviert und bedeicht worden ist. Der Deich verhinderte aber zukünftige Überflutungen und Schlicksedimentation. So wuchs das Land von Alt-Nordstrand nicht höher, analog zum ansteigenden Meeresspiegel. Die Kultivierung und Entwässerung bedingten zusätzlich eine Sackung des Bodens, als die im Untergrunde liegenden Moorschichten austrockneten. Heute liegen die

Marschen von Pellworm und Nordstrand etwa einen Meter unter dem Mittelhochwasser, und beide Inseln werden nur durch hohe Deiche – die höchsten an der deutschen Nordseeküste – gesichert.

Regellos verstreut im nordfriesischen Wattenmeer als auseinandergerissene Zeugen von Sturmflutkatastrophen schwimmen die Halligen auf dem Horizont. Aus der Ferne gesehen erscheint das Halligland wie ein feiner Strich. Nur die Warften, künstlich aufgeworfene Hügel mit den darauf zusammengedrängten Häusern, ragen deutlich gegen die Helligkeit des Himmels empor.

Die heutigen Halligen sind jedoch nicht unmittelbare Reste der zerstörten, mittelalterlichen Uthlande-Marschen. Vielmehr wuchsen sie parallel mit der Auflösung der damaligen Landflächen durch Schlickablagerungen neu auf. Das Niveau des Halliglandes liegt etwa einen bis zwei Meter höher als die mittelalterliche Marsch. Dies beweisen die deutlich sichtbare Schichtung des Landes sowie die Kulturspuren versunkener Besiedlung im Wattenmeer rund um die Halligen. Besonders zahlreich sind diese Zeugen nordwestlich der Hallig Südfall. Hier lag bis zum Jahre 1362 der bedeutende Hafenort Rungholt, dessen Überreste 1921 wiederentdeckt und durch eine umfangreiche Forschertätigkeit, vor allem seitens des Nordstrander Landwirtes Andreas Busch, rekonstruiert wurden. Brunnenringe aus Kleisoden, Entwässerungssysteme mit den Resten von Schleusen, Warftfundamente, Haus- und sonstige Geräte wurden dort gefunden, aber auch Ackerland mit Pflugfurchen auf einem Niveau von etwa 1,50 Metern unter der Höhe des heutigen Mittleren Hochwassers. Unbekannte Reste von Rungholt liegen noch unter der später über dieser Stätte aufgelandeten Hallig Südfall.

Die Nordsee baute die Halligen auf, aber es ist eine Eigenschaft des Meeres, alles was über dem Wasser liegt und Widerstand bildet, anzugreifen und abzubauen. So wuchsen die Halligen in den letzten Jahrhunderten wohl weiter an Höhe, wurden an allen Ufern aber reduziert. Heute haben sie nur noch ein Viertel bis ein Zehntel ihrer ursprünglichen Größe. Alles andere ging durch stete Fluten und dramatische Sturmfluten verloren, wobei unzählige Menschen ertranken. Im Jahre 1768 hatten alle Halligen zusammen noch etwa 2000 Bewohner in 500 Häusern. 1970 wurden nur noch reichlich 400 Bewohner in 122 Häusern gezählt.

Erst Ende des 19. Jahrhunderts begann der Staat, die Halligufer mit festen Steindecken zu schützen, weil die Bedeutung dieser eigenartigen Eilande als Wellenbrecher für den Schutz der Festlandsdeiche erkannt worden war.

*

Eine Insel besonderer Art ist Helgoland, rund 50 km sowohl von der schleswig-holsteinischen wie auch der niedersächsischen Festlandsküste entfernt, einsam in der Nordsee liegend. Felsschichtungen und Untergrund dieser Insel erzählen ein langes und eindrucksvolles Kapitel der Erdgeschichte mit gewaltigen Naturereignissen. Der Buntsandstein, durch oxydierende Eisenbeimengungen braunrot gefärbt, lagerte sich im Erdmittelalter, im Perm, vor etwa 200 Millionen Jahren als Verwitterungsschutt benachbarter Hochgebirge in einem Urmeer ab. Die Wellenrippel dieses Vorganges sind noch heute auf den aufgebrochenen Platten des Bundsandsteinfelsens zu sehen. Die auf dem absinkenden Becken des Meeresbodens sich auflagernde Schicht erreichte schließlich eine Mächtigkeit von rund 600 Metern, wurde aber in den nachfolgenden Jahrmillionen bei der Sakkung in die Tiefe von Schichten des Muschelkalks aus den Gehäusen abgestorbener Mollusken und der Kreide überlagert und zu Stein gepreßt.

Irgendwann im Tertiär gab es eine Bewegung in den mächtigen Lagen des Zechensteinsalzes unter dem Buntsandstein. Etwa 600 m westlich der heutigen Insel brach die Buntsandsteinschicht auf und wurde durch das aufsteigende Salz allmählich aus einer Tiefe von etwa 3 000 Metern an die Oberfläche gehoben. Dabei stellte sich der westliche Teil des Aufbruches etwa 1 500 m höher auf als der östliche, und deutlich zeigt sich die von Westen nach Osten einfallende Schichtung des Buntsandsteines.

Heute ragt der Block von Helgoland etwa 60 m hoch über dem Meer, aber ursprünglich war dieser Felsen viel höher. Gletscher der Eiszeit haben die Spitze plattgehobelt, Verwitterung und Meeresbrandung haben das ihrige getan. Von der ehemals etwa 20 Quadratkilometer großen Fläche sind heute nur knapp 2 vorhanden. Etwa bis zur Bronzezeit war Helgoland noch über eine Landbrücke bis Eiderstedt mit dem Festlande verbunden, wurde dann aber durch den fortschreitenden Anstieg des Meeresspiegels allmählich zur Insel. Unermüdlich hat dann die Nordsee an diesem Felsen gearbeitet und im Verlaufe ihrer Zerstörungen immer wieder Einzelfelsen wie den

»Lange Anna« – Helgoland

»Mönch« oder die »Lange Anna« entstehen lassen. Um den zwar langsamen, mit etwa 10 cm pro Jahr jedoch meßbaren Abtrag der Felsenküste an der exponierten Westseite zu unterbinden, wurde in der Zeit von 1910–1926 die Westmole gebaut und 1938 von der »Langen Anna« zur See hinaus erweitert.

Die heutige »Düne« trug noch bis zum 17. Jahrhundert eine hohe »Klippe« aus Muschelkalk. Dieser wurde jedoch von den Helgoländern zügig abgebaut und nach Hamburg verkauft. Dieser Abbau beschleunigte die Zerstörung durch das Meer. Der noch bis 1720 vorhandene »Woal«, die Verbindung zwischen Düne und Hauptinsel, wurde bei einer schweren Sturmflut durchbrochen, und es bildete sich schnell ein Tief aus.

Der Untergrund der einst vom Meere abgetragenen Felsen ist heute noch rund um Helgoland zum Teil als Felswatt vorhanden, das bei Niedrigwasser trocken fällt. Dieses Felswatt weist aber eine ganz andere Flora und Fauna auf als jene der Sand-Schlickwatten. Grün-, Rot- und Braunalgen finden auf dem Felsboden festen Halt. Besonders auffällig sind hier die meterlangen, derben Blätter des Zuckertanges sowie der eben unter der Niedrigwasserlinie wachsende Palmentang, Felswatt ist auch ein idealer Lebensraum verschiedener Schneckenarten, wie Strandschnecken, Purpurschnecken und Käferschnecken sowie von Seepocken, Manteltieren und Actinen. Letztere findet man in den Spalten und Pfützen des Felswatts, vor allem Seenelken.

*

Anders als die von Naturkräften gebildeten und geformten Inseln und Halligen im Wattenmeer, ist die Festlandsküste in der deutschen Bucht zwischen den Niederlanden und Dänemark weitgehenst ein Ergebnis von Menschenhand.

Vom Mittelalter bis noch zum 17./18. Jahrhundert zeigt die Festlandsküste ein sehr unregelmäßiges Bild. Überall waren die Sturmfluten der Nordsee eingebrochen und hatten zahlreiche Buchten ausgebildet – Dollart, Leybucht, Harlebucht und Jadebusen an der Küste Ostfrieslands, Meldorfer Bucht vor Dithmarschen sowie Einbuchtungen bei Bredstedt und Dagebüll in Nordfriesland und andernorts.

In einer, im heutigen technischen Zeitalter fast unbegreiflichen Anstrengung, haben die Küstenbewohner in Zusammenhang mit Landgewinnungsmaßnahmen diese Buchten Polder um Polder und Koog um Koog seit dem Mittelalter wieder verkleinert und etliche schließlich ganz geschlossen. So bietet die Festlandsküste heute ein »begradigtes« Bild mit hohen Deichen. Nur an ganz wenigen Stellen, wo die Geest bis an die Küste stößt (Cuxhaven, Schobüll bei Husum), oder Dünen aufgeweht sind (St. Peter-Ording) fehlen die Deiche.

Warften, Deiche, Küstenschutz

Als der römische Naturforscher Gajus Plinius Mitte des ersten Jahrhunderts die Nordsee besuchte, traf er in der Gegend der Jade-Weser auf den dort wohnenden Volksstamm der Chauken. Plinius schrieb: »Zweimal überflutet der Ozean mit starker Brandung die Küste, so daß man nicht sagen kann, ob sie zum Lande oder zum Meer gehört. Hier wohnt ein unglückseliges Volk auf hohen Erdhügeln, die nach Erfahrungen der höchsten Flut gebaut worden sind. Zur Flutzeit gleichen sie Seefahrern, Schiffbrüchigen bei Ebbe. Auf Fische, die mit dem Ebbestrom fliehen, machen sie Jagd. Vieh zu halten und von Milch zu leben, ist ihnen nicht vergönnt, ja nicht einmal, Wild zu jagen, denn ringsum ist kein Gebüsch. Aus Reet und Binsen flechten sie Netze und mit Händen wühlen sie Schlamm auf, den sie mehr am Winde als in der Sonne trocknen. Damit kochen sie ihre Speisen und wärmen sie den Leib. Ihr einziges Getränk ist Regenwasser, welches sie in Gruben vor ihren Häusern auffangen.«

Einige dieser Beobachtungen blieben bis zur Gegenwart gültig, der »Schlamm«, offenbar Torfmoor, wurde noch lange abgebaut und diente als Brennmaterial und zur Salzgewinnung. Und die »Gruben« sind noch heute in Form von »Fethingen« auf den Halligen vorhanden. Ebenso berichtet Plinius von Warften, und diese sind die ersten Schutzwerke der Küstenbewohner gegen das Meer. Nach Scherbenfunden in den untersten Schichten der Warften in den Niederlanden, datiert ihre Anlage aus den ersten Jahrhunderten der Zeitrechnung. Acht, neunhundert Jahre haben die Bewohner der niedrigen, sturmflutgefährdeten Küstenmarsch auf solchen Hügeln gelebt und von dort aus Viehzucht betrieben. Einige dieser Warften, sowohl in Ost- wie später in Nordfriesland, waren so groß, daß sie ganze Dörfer trugen. Auf anderen standen nur wenige Häuser oder ein einsamer Hof.

Vermutlich sind es dann weniger Bedrohungen von Fluten gewesen, als der Wunsch, im fruchtbaren Marschenland Getreide anzubauen, der vom 9. Jahrhundert an die mittlerweile längs der Küste ansässig gewordenen Friesen veranlaßte, Deiche zu bauen. Erste, schriftliche Rechtsvorschriften über den Deichbau sind aus dem 12. Jahrhundert überliefert. Es sind die Rüstringer Rechtssatzungen mit dem Bekenntnis: »Das ist Landrecht, daß wir Friesen eine Seeburg zu stiften und zu stärken haben, einen goldenen Ring, der um ganz Friesland liegt. Wir wollen unser Land verteidigen mit drei Werkzeugen, mit dem Spaten, mit der Schiebkarre und mit der Forke . . .« Ihr folgen die um 1156 abgefaßten 17 »Küren«. Dort heißt es, daß die Friesen dem Kaiser nur soweit Heeresfolge zu leisten haben, daß sie abends heimkehren und ihr Land verteidigen können gegen die Fluten und gegen die Heere der Heiden, womit offenbar die Wikinger gemeint sind. Solche Verteidigungsanlagen sehen wir heute in den Rundburgen auf Sylt und Föhr, die dennoch später von den Wikingern eingenommen und besetzt wurden.

Über die Bedeichung nordfriesischer Küstenmarschen lesen wir bei Saxo Grammaticus aus dem Jahre 1180, daß das Land einen gesegneten Boden hat und reich an Vieh ist, aber wegen der niedrigen Lage zuweilen von Fluten überspült wird. »Damit diese nicht einbrechen, ist das ganze Ufer mit einem Wall umgeben«.

Die ersten Deiche waren hinsichtlich ihrer Gestalt und Konstruktion jedoch bescheidene Gebilde. Vielleicht sollten sie nur den sommerlichen Getreideanbau und die Heuernte schützen. Trotzdem waren sie in Anbetracht der damaligen technischen Hilfsmittel gewaltige Werke, die eine entsprechende Organisation voraussetzten. In Nordfriesland wurden die Grundsätze des Deichrechtes Anno 1557 als »Spadelandsrecht« schriftlich neu fixiert. Generell galten ähnliche Bestimmungen an der ganzen west-ost-nordfriesischen und dithmarscher Nordseeküste. Das »Spadelandsrecht« stand unter dem Sinnspruch: »Wer nicht will deichen, muß weichen«. In diesbezüglichen Paragraphen wurden alle Bewohner von Inseln und Küstenmarschen soweit diese im Deichschutz lagen, dazu verpflichtet, im Verhältnis zum Wert ihres Besitzes eine entsprechende Deichstrecke ständig gegen die Nordsee zu verteidigen. Konnte oder wollte jemand diese »Deichpflicht« nicht erfüllen, erfolgte nach genauen Regeln die entschädigungslose Enteignung des Besitzes, der dann jenen zugesprochen wurde, die bereit waren, in die »Deichpflicht« einzutreten. Ein besonders dramatisches Beispiel dieser Verordnung lieferte die Sturmflut von 1634 mit dem Untergang der großen Insel Alt-Nordstrand. Weil die meisten der betroffenen Überlebenden nicht mehr die Mittel hatten, die zerstörten Deiche zu reparieren, wurden sie enteignet und das Land einer Gesellschaft von Partizipanten aus den Niederlanden und Brabant übergeben. Erst gegen Ende des 19. Jahrhunderts übernahm der Staat die Aufgaben des Küstenschutzes, sowohl Landgewinnung wie auch den Bau und die Unterhaltung der »Seedeiche«, heute Landesschutzdeiche genannt.

Landgewinnung – Grüppelbagger im Lahnungsfeld

Landesschutzdeich mit Fußsicherung

Aber wo noch vor fünfzig, hundert Jahren ein Heer von Arbeitern mit Schubkarren und Pferdefuhrwerken an der Deichbaustelle wirkte, spülen heute mächtige Spülbagger die Sandmassen für den Deichkern vom Meeresboden auf.

Deiche sind im allgemeinen wohl das bekannteste Werk des Küstenschutzes. Aber auch »Strandpromenaden«, ob vor Westerland – Sylt, Wittdün – Amrum, Borkum oder Norderney gehören dazu. Sie sind immer als Uferschutzmauern gebaut, und das Promenieren ist nur ein Nebenprodukt. Ebenso sind die oft umfangreichen und wiederkehrenden Sandvorspülungen vor Abbruchufern, vor allem am Strande von Sylt, Unternehmungen des Küstenschutzes.

Bauwerke gegen Sturmfluten sind Werke der Verteidigung. Aber eine aktive Maßnahme ist die Neulandgewinnung, deren Anfänge bis in das Mittelalter zurückreichen. Neulandgewinnung ist die Zurückeroberung von Land, das vorherigen Generationen von Küstenbewohnern verlorenging. Aber während der Verlust sich oft in wenigen Stunden, durch eine einzige Sturmflut vollzog, dauert die Zurückgewinnung Jahrzehnte und ist auch nur möglich, wo die entsprechenden landschaftlichen Voraussetzungen vorhanden sind.

Die Landgewinnung beginnt mit dem Bau eines Buhnensystems, heute wie vor 500 Jahren. Viereck an Viereck reihen sich diese Buhnen vor- und nebeneinander vom Deichfuß aus hinaus in das Watt, gebaut aus zwei knapp meterhohen, eingerammten Pfahlreihen, zwischen denen Buschreisig eingeflochten ist. Dieses sogenannte Lahnungsfeld bleibt jedoch mit einer kleinen Lücke zur See hinaus offen, so daß jede Flut einströmen kann. Jede Flut trägt – außer bei Windstille – Mengen von aufgewirbelten Schlickmassen und sonstige Sedimente mit. Die Lahnungen beruhigen Strömung und Wellengang und für eine kurze Zeit, während des Hochwassers, lagert sich ein Teil dieser Stoffe ab. Ganz allmählich wächst so der Wattboden höher und wird nach entsprechender Auflandung zum ersten Male gegrüppelt. Früher standen hier die Arbeiter der Küstenschutzämter bis über die Knie im Schlick und warfen die Gräben aus. Heute ziehen hier Grüppelbagger ihre Bahnen. Der Schlick wird zwischen den Gräben in Form von Beeten aufgeworfen und trägt so zur Erhöhung des Wattbodens bei. In den entstandenen Gräben aber bleibt das Flutwasser besonders lange stehen und setzt seine Sedimente ab.

Schließlich hebt sich der Wattboden über dem Mittelhochwasser, von ersten Salzpflanzen wie Schlickgras und Queller begrünt. Die

Sturmflut vor dem Tetrapodenwall einer Strandpromenade

Pflanzen fangen weitere Sedimente mit ihren Blättern und die Grüppelmaßnahme wird wiederholt. Eines Tages gehen nur noch Spring- und Sturmfluten über das Gelände hin, aber gerade aus solchen Fluten erfolgt oft eine erhebliche Schlickauflandung. Bald läßt sich dieses Neuland, auch Vorland oder Anwachs genannt, als Schafweide nutzen, und Schafe spielen eine nicht unerhebliche Rolle für den Küstenschutz. Sie sind die »Rasenmäher« auf den Deichen und auf dem Neulande, treten den Boden fest und halten durch die Beweidung die Grasnarbe kurz und dicht.

Wo Neuland in großen Flächen aufgewachsen ist, lohnt es sich, dieses Land einzudeichen und einen neuen Koog bzw. Polder zu gewinnen, der sich nun im Schutz eines Deiches besiedeln und gute Getreideernten auf dem fruchtbaren Boden erwarten läßt. Die ganze Küstenmarsch an der Nordsee besteht, teilweise bis auf viele Kilometer weit hinein in das Binnenland, aus solchen Kögen oder Poldern, die in den letzten fünf-, sechshundert Jahren, in der Regel unter unvorstellbaren Opfern an Zeit und Geld und ständig beeinträchtigt von Rückschlägen, dem Meere abgetrotzt worden sind. Vor dem vollendeten Deich aber wird wieder ein Lahnungsfeld gebaut und abermals wachsen Schlickwatten und Salzwiesen heran.

In jüngster Zeit sind Eindeichungen jedoch in die Kritik seitens der Naturschutzverbände geraten, insbesondere, weil bei den letzten großen Maßnahmen nicht nur aufgewachsenes Neuland, sondern auch reine Wattenflächen mit einbezogen wurden (Hauke-Haien-Koog, Meldorfer Bucht, Nordstrander Bucht). Diese Flächen dienen vorwiegend wasserwirtschaftlichen Vorhaben – Speicherbecken für die Entwässerung des Hinterlandes. Im Falle der Nordstrander Bucht wurde ein relativ großes Gebiet von Schlick- und Mischwatt mit eingedeicht und ging somit dem Biosystem Wattenmeer verloren. Hier, wie schon bei der Eindeichung des Neulandes nördlich vom Hindenburgdamm an der deutsch-dänischen Grenze, machte das Küstenschutzamt (ALW) eine Konzession an den Umweltschutz und legte einen Teil der geplanten Deichlinie zurück. Trotzdem verstummten die Proteste bis zum Tage des Deichschlusses (1987) an der Nordstrander Bucht nicht.

Küstenschutzmaßnahmen müssen sich aber nicht grundsätzlich gegen Natur und Naturlandschaften richten. Durch Eindeichungen mit Speicherbecken wurde nicht nur dem selten gewordenen Säbelschnäbler, sondern auch anderen Wasservögeln ein neuer sturmflutsicherer Brut- und Lebensraum geboten.

Und Landgewinnungslahnungen oder Dämme zu Inseln und Halligen fördern wie kein anderer Vorgang die ständige Bildung von Schlickwatten und Salzwiesen, Lebensräume, die in der Ökologie des Wattenmeeres für zahlreiche Tierarten eine große Rolle spielen. Ohne die wasserberuhigende Wirkung von Lahnungen und anderen Küstenschutzwerken, würden zahlreiche Schlickwatten und Salzwiesen durch Wellen und Strömung ausgeräumt.

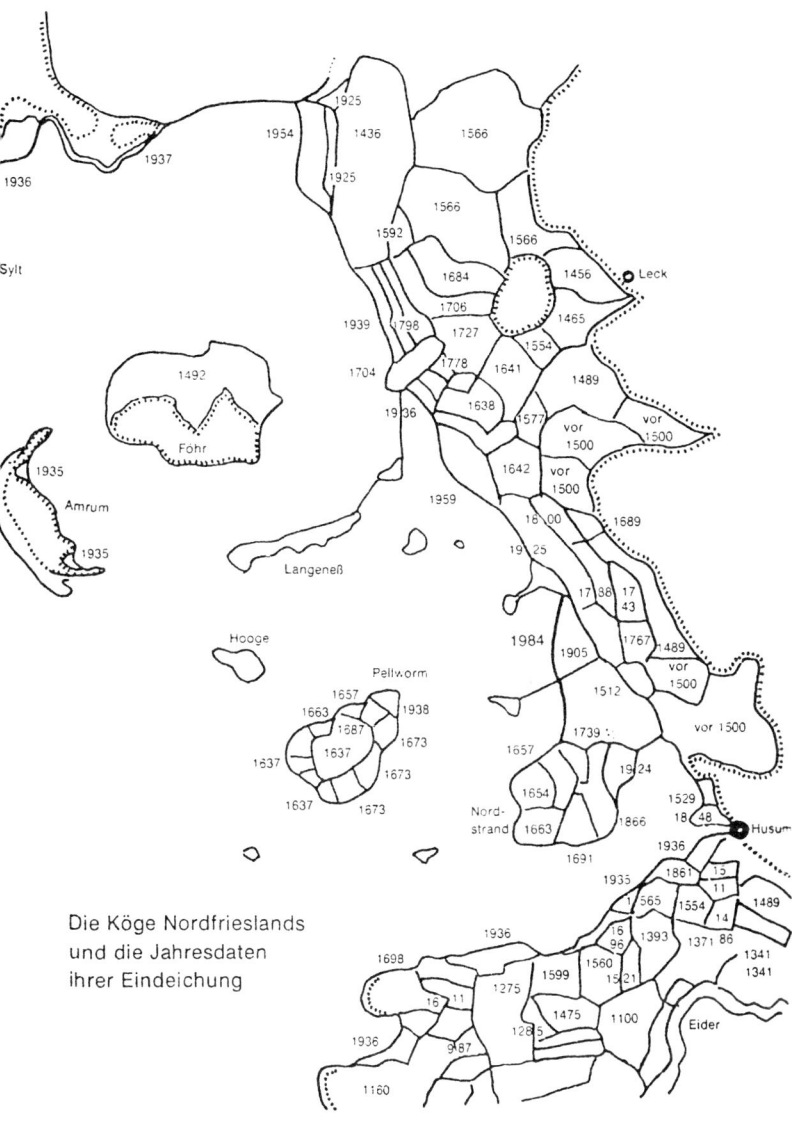

Die Köge Nordfrieslands
und die Jahresdaten
ihrer Eindeichung

77

Austernzüchter und Miesmuschelbauern

Überall verstreut auf dem Wattenboden und angespült am Strande liegen die runden, handtellergroßen Schalen der Austern. Aber draußen am Rande der Wattenströme und unter der Niedrigwasserlinie wird man heute vergeblich nach »Bänken« mit lebenden Muscheln suchen. Die einheimische Auster gilt im Küstenbereich als ausgerottet, und nur weiter draußen in der Nordsee mag es noch einige wenige Vorkommen geben, worauf die oft sehr frischen und unversehrten Schalen am Strande hindeuten.

Austern hatten früher für die Ernährung der Küstenbevölkerung sowie für die gewerbliche Fischerei eine große Bedeutung. Beachtliche Mengen von Schalen wurden bereits in den »Kökenmöddingern« der Steinzeit nachgewiesen. In jener Zeit diente die Auster offenbar nicht nur als Nahrung, sondern auch für Opferzwecke zu Ehren der germanischen Götter Thor und Wotan. Und als etwa um 60 nach Chr. der römische Naturentdecker Plinius die Nordseeküste bereiste, zählte er den Genuß von Austern zu den wenigen positiven Eindrücken aus diesem sonst öden Gestade.

Die spätere Geschichte nennt dann den dänischen König Knudt den Großen (Regierungszeit 1014–1035) mit dem Hinweis, daß er die Austernbänke im nordfriesischen Wattenmeer habe anlegen lassen. Aber vermutlich ist eher deren Pflege und Nutzung gemeint, denn die Bänke waren durch natürliche Vorkommen dieser Muschelart vorhanden. Offenbar sind die Bänke auch schon sehr früh als landesherrliches Regal in Anspruch genommen, wie ein Erlaß des dänischen Königs Friedrich II. vom 4. Februar 1587 beweist. In diesem Erlaß werden die Bewohner der Uthlande verpflichtet, Austernbänke, die sie im Watt entdeckt haben, der Obrigkeit zu melden.

Schon frühzeitig erfolgte die Verpachtung der Bänke an Kaufleute, die Fischer von den Inseln und Halligen engagierten, um die Austern während des Winterhalbjahres »streichen« zu lassen. An diesem Zustand hat sich bis zum Ende der Austernfischerei Anfang des 20. Jahrhunderts nichts geändert. Insbesondere standen Kutter von Römö, Ballum, Sylt und Amrum in Diensten der Pächter. Seit etwa Mitte des 18. Jahrhunderts sind deren Namen belegt. Es waren Kaufleute und Unternehmer aus Tondern und Flensburg oder Lübeck, aber einige Zeit waren auch Sylter Kapitäne aus der Keitumer Familie

Bleicken als Pächter beteiligt. Letztere fungierten gleichzeitig auch als Leiter der Austernfischerei.

Im Jahre 1879 pachtete die Hamburger Firma Kuhnert & Söhne die Austernbänke im nordfriesischen Wattenmeer, für sage und schreibe jährlich 163 000 Mark – eine Summe, die aber später wegen der geringen Erträge reduziert werden mußte. Diese Firma ließ 1910 einen Dampfer für den Austernstrich bauen, und dieser nahm den letzten 6 noch vorhandenen Austernfischern, je drei von Sylt und Amrum, ihren Verdienst. Sie wurden nicht mehr engagiert. Aber auch Kuhnert & Söhne kam mit der schwindenden Muschelernte nicht zurecht. Letzter Austernpächter war ab 1923 die Berliner »Austernfischerei AG Kempinski«, die aber schon nach wenigen Jahren die Bewirtschaftung der Austernbänke im Wattenmeer aufgab. Zuletzt, ab 1931, betrieb der in List ansässige Detlef Detlefs die Austernkultur, allerdings in speziell dazu erbauten Seewasserbassins, die täglich mit Seewasser geflutet wurden. Nur wenige Jahre später mußte diese Einrichtung aber militärischen Anlagen weichen, und zunächst war es mit der Austernernte vorbei.

*

Noch um Anno 1850 gab es in den tieferen Bereichen des nordfriesischen Wattenmeeres rund 50 Austernbänke, von denen etliche auf alten Karten als »Österfang« bezeichnet werden. Die größte dieser Bänke war die »Höntje« nahe bei List. Ihr Ertrag war in manchen Jahren so hoch wie von allen anderen Austernbänken zusammen. Im Jahre 1652 kam es wegen der Fischerei auf dieser Bank zu einer regelrechten »Seeschlacht« zwischen den nordfriesischen Kuttern und einer Anzahl von Fahrzeugen, die der Vogt Thomsen von Ballum widerrechtlich zum Fischen ausgesandt hatte. Es wurden dänische »Skaller« und friesische »Schweimelschläge« ausgeteilt, bis sich die Ballumer schließlich zurückzogen.

Der Austernstrich geschah mittels kleiner Segelkutter, die mit Streicheisen über die Bänke segelten. An diesem Eisen hing ein Netz von Metallringen. Die inselfriesischen Austernfischer erhielten nur einen festen Lohn von den Pächtern und mußten in den früheren Jahrhunderten alljährlich auch an die hundert Tonnen »Deputataustern« ohne Bezahlung fischen. Beispielsweise erhielt der Hof in Kopenhagen im Jahre 1795 eine Lieferung von 80, und der Graf Schackenburg zu Schackenburg bei Tondern 10 Tonnen.

Mit diesen Pachtbedingungen kamen die Pächter nicht immer zurecht und blieben den Fischern oft ihren Lohn schuldig. Deshalb schied die Sylter Flotte im Jahre 1740 geschlossen aus dem Gewerbe aus und blieb der Austernfischerei fast 80 Jahre fern. In dieser Zeit wurde der Austernstrich mit 18 Booten von Amrum und 14 von Römö betrieben. Erst ab dem Jahre 1819 reihten sich die Sylter mit 12 Kuttern wieder in die Austernfischerei ein.

Entsprechend den übermäßigen Pachtforderungen seitens der Landesherrschaft wurden die Austernbänke rigoros genutzt, so daß sich bald der Raubbau bemerkbar machte. Schon Mitte des vorigen Jahrhunderts mußten deshalb Saataustern von französischen und portugiesischen Küsten importiert und auf die leergestrichenen Bänke ausgestreut werden. Doch der Erfolg blieb bescheiden. Die Auster ist nämlich ein anspruchsvolles Tier, das spezielle Bedingungen hinsichtlich der Temperaturen, des Salzgehaltes und des Untergrundes stellt. Immerhin konnte der Dampfer »Gelbstern« im Winterhalbjahr 1913/14 noch 1 170 000 Austern fischen, die zu je 1 000 Stück verpackt, vorwiegend nach Hamburg versandt wurden. Aber gerade der Einsatz des Dampfers beutete die Bänke im nordfriesischen Wattenmeer restlos aus.

Ein weiterer, bedeutender Fangplatz von Austern lag westlich von Helgoland, wo noch in der letzten Hälfte des vorigen Jahrhunderts jährlich etwa eine halbe Million gestrichen wurden. Doch auch hier machte sich schließlich der Raubbau bemerkbar.

Austernbänke lagen auch im ostfriesischen Wattenmeer. Erste Nachrichten darüber datieren aus dem Jahre 1642 und weisen auf das landesherrliche Regal in Zusammenhang mit Diebereien von Austern sowie auf deren Bewirtschaftung hin. Im Laufe des 18. Jahrhunderts werden Austernbänke bei Borkum, Juist, Baltrum und Langeoog und in den Strömen südlich von Wangerooge gemeldet. Aber im Jahre 1740 erlitten die frostempfindlichen Austern durch einen strengen Winter derartige Schäden, daß die Befischung bis 1764 zwecks Erholung der Bänke ausgesetzt werden mußte. Und in den Jahren von 1766 bis 1771 gab es auch im ostfriesischen Wattenmeer einen »Austernkrieg«, als holländische Raubfischer die Bänke bei Borkum heimsuchten und zuletzt Militär eingreifen mußte. 1772 pachteten die Holländer dann diese Bänke und beuteten sie schnell aus. Im Laufe von knapp 25 Jahren ging die Zahl der geernteten Austern von 306 800 Stück (1773) bis auf 25 000 (1796) zurück.

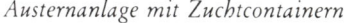

Austernschalen im Watt

Austernanlage mit Zuchtcontainern

Im 18. Jahrhundert gab es bei Wangerooge noch einen Austernbehälter im Watt, wo Austern während des Sommers eingelagert wurden, weil in der warmen Jahreszeit ein Versand nicht möglich war. Aber schon Anfang des 19. Jahrhunderts waren die meisten Bänke im ostfriesischen Wattenmeer leergefischt oder durch Wintereinflüsse vernichtet.

Fast 50 Jahre hat es keine Austern aus dem deutschen Wattenmeer gegeben, und wenn solche auf Speisekarten nobler Restaurants an der Nordseeküste und im Binnenlande standen, handelte es sich um Importe von südwesteuropäischen Küsten.

Erst Anfang der 1970er Jahre gelang es wieder, Austernkulturen im hiesigen Wattenmeer aufzubauen, allerdings nicht mit der hier ursprünglich heimischen Art Ostrea edulis, sondern mit der im Nordpazifik vorkommenden Crassostrea gigas. Die Initiative zu diesen Zuchtanlagen ging vom Bundesforschungsamt für Fischerei aus, das Setzlinge der genannten Austernart von der Schottischen Sea Farm Ltd. importierte und zunächst in die Brutstation der BFA in Langballigau einlagerte. Von dort wurden die knapp fingernagelgroßen Setzlinge an die von Fischern betriebenen Austernzuchtanlagen an der deutschen Nordseeküste – Munkmarsch Sylt – Amrum – Strucklahnungshörn Nordstrand – Wangerooge verteilt. Die Setzlinge werden in geeigneten Prielen in Containern deponiert und wachsen in diesen Schutzbehältern in zwei, drei Jahren bis zur Marktreife mit einem Gewicht von etwa 100 Gramm heran. Beispielsweise wurden in der Amrumer Austernzuchtanlage Anfang der 1980er Jahre jährlich 8 000–10 000 Austern geerntet und an die Restaurants geliefert. Leider wurde diese Anlage aber durch die strengen Eiswinter 1985/86 vollständig vernichtet.

Nachdem auch andere Austernzuchtanlagen wegen winterlicher Schwierigkeiten wieder aufgegeben sind, ist das Watt östlich von Sylt gegenwärtig Schwerpunkt der Austernkulturen. Der Fischer Rönnebeck aus Munkmarsch hat jährlich um die 100 000 Setzlinge mit entsprechender Ernte in seinen Anlagen. Und ganz groß ist die Fa. Dittmeyer's Austern Co. im Watt an der Blidselbucht eingestiegen. 1986 wurden ca. 300 000 Setzlinge in die auf Stellagen deponierten Netzbeutel ausgebracht, von denen rund 200 000 bei einem Gewicht von 65 Gramm vermarktet werden konnten. 1987 wurde aus englischen Brutstationen rund eine Million Setzlinge eingeführt.

Die größte Schwierigkeit bereiten aber unverändert Eiswinter.

Deshalb errichtete die Fa. Dittmeyer Tankanlagen, in denen die Austern bei ständiger Zufuhr von frischem Seewasser sicher überwintern könnten. Nachdem sich die Bundesforschungsanstalt aus der Austernzucht zurückgezogen hat, wird diese privatwirtschaftlich weitergeführt. Aber der Initiator dieser Unternehmung, Dr. Neudecker, steht mit Rat und Tat zur Verfügung.

Wie die Auster, so hat auch die Miesmuschel schon in der Steinzeit für die Ernährung der Bevölkerung eine große Rolle gespielt. Auch ihre Schalen wurden in beachtlichen Mengen in den »Kökenmöddingern« sowie an kultischen Stätten gefunden. Und bis heute wandern Küstenbewohner, Insulaner und Kurgäste bei Ebbe hinaus in das Watt, um sich eine Muschelmahlzeit zu holen. Vor allem in den Notjahren der Weltkriege trugen Miesmuscheln dank ihres hohen Eiweißgehaltes zur Versorgung bei. Aber als Delikatesse – wie etwa die Auster – galt die Miesmuschel nicht. Erst in der Gegenwart wird ihr Wohlgeschmack höher bewertet und seit einigen Jahrzehnten ist diese Muschel zu einem beachtlichen Wirtschaftsfaktor geworden. Begünstigt wird die Bewirtschaftung durch die weite Verbreitung und hohe Vermehrungsrate der Miesmuschel, die sowohl von den Naturbänken im Wattenmeer, wie auch von angelegten Kulturbänken geerntet wird.

Die ersten bescheidenen Anfänge der Miesmuschelfischerei datieren aus den 1880er Jahren. Damals begann ein Dampfer in beschränktem Umfange Muscheln zu fischen, die per Bahn in das Rheinland gesandt wurden, wo sie auch heute noch sehr beliebt sind. Auch einzelne Fischkutter brachten gelegentlich Miesmuscheln ein. Entsprechend der damaligen Konservierungs- und Transportmöglichkeiten konnten Miesmuscheln aber nur im Winterhalbjahr gefischt und versandt werden. Heute ist durch Kühlwagen und schnelle Beförderung mit speziellen Lastwagen eine ganzjährige Bewirtschaftung möglich. Die durchschnittliche Ernte aus dem Wattenmeer der deutschen, dänischen und niederländischen Nordseeküste liegt gegenwärtig (1987) bei 100 000 bis 200 000 Tonnen, von denen etwa ein Drittel aus dem deutschen Wattenmeer stammt. Jeweils etwa die Hälfte des Gesamtertrages wird von Natur- bzw. Kulturbänken gestrichen. Die Schwankungen des jährlichen Ertrages hängen zusammen mit jahreszeitlichen Einwirkungen. Strenge Eiswinter, wie sie von 1985 bis 1987 zu verzeichnen waren, können durch monatelange Eisauflage ganze Bänke ersticken oder abrasieren. Biologen und Naturschützer weisen aber auch darauf hin, daß durch den Einsatz großer Spezialschiffe und »industrieller« Nutzung lokaler Raubbau möglich ist. Zugleich spielt die Miesmuschel im Kreislauf der Natur als Nahrungsmittel für andere Tiere eine Rolle. Seesterne tummeln sich in großer Zahl auf den Bänken, öffnen und fressen die Muscheln. Und Eiderenten versammeln sich fast das ganze Jahr hindurch im Wasser über den Bänken, tauchen hinab und verschlingen die Muscheln mitsamt der Schale. Der starke Muskelmagen der Eiderente zermahlt die Schale zu feinem Grus und scheidet diesen als Kot wieder aus. Die Anzahl der Eiderenten im nordfriesischen Wattenmeer liegt im Winterhalbjahr wechselnd zwischen 50 000 bis 100 000 Tieren. Entsprechend dem Nahrungsinhalt einer Muschel muß die Eiderente etwa täglich 1–1,5 Kilo fischen und fressen, um den Nahrungsbedarf von knapp 200 Gramm zu decken.

Die eigentliche gewerbliche Nutzung der Miesmuschel begann in den Jahren des 1. Weltkrieges auf Föhr. Dort entstand eine »Muschelfabrik«, in der Muscheln gekocht, konserviert und verkauft wurden. Nach dem Kriege wurde die Miesmuschel als Nahrungsmittel wieder in den Hintergrund gedrängt. Aber dann kam Mitte der 1930er Jahre Karl Emde nach Föhr und brachte aus der Heimat seiner Frau, aus Holland, Kenntnisse über die Anlage von Muschelkulturen mit. Im Wattenmeer östlich von Föhr und bei den Halligen wurden Kulturbänke angelegt und im Wechsel von »Aussaat« mit Jungmuscheln und »Ernte« der nach 3–4 Jahren marktreifen Miesmuscheln bewirtschaftet. Gefischt wurde damals nur im Winter, in den Monaten mit »r« (September bis April), weil die Meinung verbreitet war, daß die Muscheln nur in dieser Zeit eßbar sind. Zum Fischen diente ein Eisenbügel mit Kettensack, der vom Motorkutter über die Bank gezogen wurde. An diesem System hat sich im Prinzip bis heute nichts geändert. Zeitweilig fuhren von Wyk aus 7 Schiffe auf Muschelfang und täglich fuhren Lastwagen von Dagebüll in das Rheinland. Im Betrieb am Wyker Hafen waren bis zu 60 Hilfskräfte mit dem Auskochen, Verpacken und Konservieren beschäftigt. Die Schiffe hatten eine Besatzung von bis zu 30 Mann. 1943 konnte noch eine Filiale mit 3 Muschelkuttern in Norddeich (Ostfriesland) eröffnet werden. Aber nach dem 2. Weltkrieg wurde die Flotte beschlagnahmt und nach Holland gebracht. In den 1950er Jahren wurde die Miesmuschelkultur durch Karl Emde aber erneut aufgebaut.

Besondere Bedeutung erhielt die Muschelfischerei seit Anfang der

Miesmuschelkutter

Miesmuschel-Mahlzeit

1980er Jahre. Neben den wenigen einheimischen Firmen begannen sich verstärkt niederländische Unternehmer an der deutschen Küste zu engagieren. Heute (1987) fischen knapp 20 Kutter mehrerer Firmen im Wattenmeer. Wyk und Husum, Greetsiel und Hooksiel sind gegenwärtig die wichtigsten »Muschelhäfen« an der schleswig-holsteinischen bzw. ostfriesischen Küste. Von der jährlichen Muschelernte aus dem deutschen Watt mit durchschnittlich 30 000 Tonnen entfallen zwei Drittel auf die schleswig-holsteinische Westküste, vor allem aus dem nordfriesischen Wattenmeer. Hier sind die Bedingungen für die Anlage von Kulturbänken am günstigsten. Und wo Kulturbänke mit regelmäßiger Aussaat von kleinen Muscheln, die im Sommer gefischt werden, vorhanden sind, mehren sich auch die »freien«, sich natürlich bildenden Bänke. Nach Aussage der Muschelfirmen ist dank der außerordentlichen Vermehrungskraft der Miesmuscheln eine Überfischung und Ausrottung im deutschen Wattenmeer nicht zu befürchten. Beschränkungen bestehen aber insoweit, als nach der Landesverordnung eine Befischung bei weniger als 200 m Entfernung von der Küstenlinie sowie vom Meeresboden auf weniger als 6 m unter Seekarten-Null verboten ist. Damit bleiben die Miesmuschelbänke auf den höheren Watten verschont. Ebenso dürfen in der Zone 1 des Nationalparks keine neuen Muschelbänke kultiviert werden, doch haben die bereits vorhandenen Bestandsschutz.

Ein Zentrum der Muschelverarbeitung an der deutschen Küste ist die Anlage der Nordfriesischen Muschelkonserven GmbH bei Emmelsbüll, die zunächst als Entsandungsanlage aufgebaut wurde, aber nicht recht florierte. Nach Übernahme durch einen niederländischen Unternehmer aber gedeiht die Firma, die mit zwei eigenen Kuttern fischt. In Emmelsbüll werden die über Dagebüll angelandeten Miesmuscheln in mehreren Arbeitsgängen von Seepocken, Sand und »Bärten« (Byssusfäden) gereinigt, gekocht und tiefgefroren über die Mutterfirma in Holland vermarktet. Muscheln aus dem nordfriesischen Wattenmeer werden von dort aus in den Niederlanden, Belgien, aber auch in Übersee, in den USA und Asien, abgesetzt. Der deutsche Markt hingegen wird vorwiegend von dänischen Muschelfirmen beherrscht, deren Kutter auf Römö und in Esbjerg stationiert sind.

Krabbenkutter auf See

Mit dem Krabbenfischer hinaus

Spätnachmittag an der sommerlichen Nordseeküste. Einzeln oder in langer Flottenreihe kehren die Krabbenkutter mit hochgezogenen Netzen zu ihren Heimathäfen zurück, um ihren Tagesfang an Land zu liefern. Die eben noch leeren Hafenbecken sind plötzlich voller Leben, Kutter an Kutter macht fest und die blanken Aluminiumkisten mit den rotgekochten Krabben werden von kräftigen Armen auf Lastwagen gesetzt. Es duftet nach Fisch und Teer, nach Krabben und Meer – ein Stimmungsbild, wie es der Besucher der Nordseeküste kennt und erwartet.

Krabbenkutter gibt es aber erst seit hundert Jahren. Vorher war die gewerbliche Krabbenfischerei im großen Stile ganz unbekannt und auch kaum möglich. Weil Krabben rasch verderben, war es nicht angebracht, große Fänge anzulanden, die man mangels Transportmitteln nicht zu Märkten im Binnenlande befördern konnte. Erst Eisenbahn und Lastwagen änderten dieses – übrigens auch für die Bewirtschaftung der Miesmuschel – vorhandene Problem. Bis in die 1880er Jahre wurde nur soviel an Krabben gefangen, wie die Küsten- und Inselbevölkerung unmittelbar selber verbrauchen konnte, und die damalige Krabbenfischerei hatte recht altertümliche Züge. Mit einem kescherähnlichen Gerät, Schubhamen oder »Gliep« genannt, wateten die Männer und Frauen durch Priele oder am Rande der auflaufenden Flut, um Krabben, aber auch Plattfische zu fangen, die in die Netze schwammen. Die Halligfrauen behielten dabei ihre Kleidung an und standen bis zum Bauch im Wasser! Auch in »Fischgärten« mit Netzreusen oder Weidenkörben wurden Krabben im Hin und Her des Gezeitenwechsels gefangen. An der Wesermündung waren solche Anlagen noch bis Mitte unseres Jahrhunderts in Gebrauch. Aber von wenigen Ausnahmen abgesehen, waren die Fänge für den eigenen Hausgebrauch bestimmt. Auf den Halligen war es auch die Regel, einen Teil des Fanges in Töpfen als Winternahrung einzupökeln.

Erst 1886, nach Fertigstellung der Marschenbahn Hamburg–Tondern und entsprechenden Transport- und Absatzmöglichkeiten durch die weitere Verkehrserschließung, begannen drei Büsumer Segelkutter mit der gewerblichen Krabbenfischerei. Im Jahre 1890 hatte Büsum dann schon 12 und eben nach der Jahrhundertwende eine stattliche Flotte von 55 Kuttern. Büsum ist auch heute noch der bedeutendste Hafen der Krabbenfischerei an der deutschen Nordseeküste.

Bald nach 1900 wurden die ersten mit Motorkraft betriebenen Kutter in Dienst gestellt, und auch hier war Büsum der Vorreiter. Eben vor dem 1. Weltkrieg war schon die Hälfte aller deutschen Krabbenkutter motorisiert.

Um 1925 zählte die Nordseeküste knapp 300 Krabbenfischer. Wyk auf Föhr, Husum, Tönning und Friedrichskoog sind neben Büsum heute die bedeutendsten Häfen der Krabbenfischerei an der schleswig-holsteinischen Westküste, Cuxhaven, Dorum, Fedderwardersiel, Neuharlingersiel, Norddeich und Greetsiel jene an der niedersächsischen Küste. Aber auch aus Häfen und Sielen vieler anderer Inseln, Halligen und der Festlandküste laufen etliche Kutter aus. Insgesamt umfaßt die Flotte der Krabbenfischer gegenwärtig (1986) rund 200 Kutter, allerdings mit abnehmender Tendenz. Der Gesamtumfang betrug im Durchschnitt der Jahre 1985/87 um die

Gekochte Krabben – eine Delikatesse!

12 000 Tonnen mit einem Wert von etwa 20 Millionen DM. Doch sind die Fangergebnisse entsprechend der Witterung und der Wassertemperatur sehr unterschiedlich. Krabben vermehren sich in warmen Sommern am stärksten.

Die moderne Nachrichtenausstattung der heutigen Krabbenkutter ermöglicht schon bei der Heimkehr per UKW die Meldung an den Heimathafen über Fangmenge und Ankunftszeit und dort die entsprechende Organisation der Weiterverarbeitung. Genossenschaften, Vertragsabnehmer, Importfirmen nehmen die Fänge ab, bringen diese sofort in den Handel oder frieren überschüssige Mengen ein. In der Sommersaison verkaufen etliche Kutter ihren Fang auch literweise direkt an Kurgäste, die sich dann auf einer Hafenbank oder zuhause in der Pension ein Vergnügen mit dem Auspulen machen.

Krabben, die über Genossenschaften oder Fabriken in den Handel gelangen oder exportiert werden, hier vor allem in die Niederlande, müssen vorher ausgepult werden. Diese Arbeit beschäftigt nach der Anlandung auch heute noch viele Hände, denn Maschinen, die das Auspulen besorgen, haben sich noch nicht bewährt oder sind zu kompliziert und zu teuer in der Anschaffung.

Bei der Krabbenfischerei sind keine großen Gewinne zu machen. Deshalb wird oft im Familienverband gearbeitet, zuhause und draußen auf See. Die heutigen Kutter sind 16–19 Meter lang, an die 5 m breit und kosten als Neubau bis zu 900 000 DM. Solche Kosten können ohne staatliche Beihilfen von den einzelnen Fischerfamilien nicht alleine getragen werden.

Neben der Krabbenfischerei für Ernährungs- und Feinschmekkerzwecke, spielte früher auch der Fang von Futterkrabben eine Rolle, vor allem im Raume Ostfriesland. Die kleinen, untermaßigen Krabben wurden in sogenannten »Darren« getrocknet und dem Futter von Schweinen und Vieh beigemengt. Doch machte sich bald die Reduzierung der Krabbenmassen durch diesen Raubbau bemerkbar. Die Niederländische Regierung kaufte deshalb alle Darren auf und legte diese still. Allmählich verschwanden sie auch von der deutschen Nordseeküste. Krabben werden vorwiegend von März bis Dezember gefischt. Die neuzeitlichen Kutter sind aber so eingerichtet, daß sie in den Wintermonaten, wenn die Krabben in tiefere Lagen der Nordsee wandern, auch dort tätig sein bzw. Fischfang betreiben können.

Krabbenfischer müssen früh aufstehen. Morgens um 3 Uhr herum wird es lebendig in den Häfen an der Nordsee. Die Stille der Nacht wird vom Tuckern der Dieselmotoren durchbrochen, und Kutter um Kutter löst sich vom Kai und richtet seinen Bug seewärts. Je nach Heimathafen müssen die Schiffe oft stundenlang fahren, um ihr Fanggebiet zu erreichen, bei anderen liegen diese Plätze vor der Tür. Die zur Zeit ergiebigsten Fanggründe, auf denen sowohl Kutter von Nordfriesland, Ostfriesland und aus dem Elbe-Weserraum fischen, liegen südwestlich von Amrum. Hier ist – mit einem Wechsel von Watten, Untiefen und tiefen Prielen und Strömen – ein besonders günstiger Lebensraum für Krabben.

Im Fanggebiet angekommen, werden beiderseits der Bordwände die Kurrbäume mit den Netzen ausgeschwenkt und zu Boden gefiert. Die Stahlleinen straffen sich und die langen Netze werden über die Rollen der Grundleine und an den Schlittenbügeln der Netzbäume über den Meeresboden gezogen. Die Rollen schrecken die am Boden lebenden Krabben auf, die sozusagen durch das riesige »Haifischmaul« des Netzes »verschlungen« und mit dem kräftigen Gegenstrom in den »Steert«, den Netzbeutel, geleitet werden.

Etwa alle ein, zwei Stunden heißt es dann »Maschine stop«. Gleichzeitig holt eine Motorwinde die Netzbäume aus der See und schwenkt diese längs der Bordwände des Kutters. Der »Steert« wird über Deck geholt und geöffnet und nun prasselt und zappelt der Fang auf das Holzverdeck. Die Netze werden unmittelbar nach der Leerung für den nächsten »Hol« ausgeschwenkt und zu Grunde gelassen, während an Bord die Bearbeitung des Fanges beginnt. Über das Rüttelsieb der Sortiermaschine werden die kleinen, untermaßigen Krabben und sonstigen Seetiere ausgesondert, der übrige Beifang von Hand aussortiert. Früher wurde dieser Beifang in Körbe geschaufelt und – an Land geliefert – zu Fischmehl für Futterzwecke verarbeitet. Heute lohnt der Transport nicht mehr, und der Beifang wird außer Bords gespült. Bei diesem Vorgang sammeln sich Scharen von Möwen und streiten sich um die Beute.

Die heraussortierten Speisekrabben werden gleich an Ort und Stelle gekocht. Dazu dienen große Kochkessel mit zusätzlich gesalztem Seewasser. Beim Kochen werden alle Farbstoffe der von Natur aus gelbgrauen Krebstiere aufgelöst, nur der rote bleibt zurück und vermittelt den gekochten und nun gekrümmten Krabben ihre appetitliche Farbe.

Die gekochten und abgekühlten Krabben werden noch einmal durchsortiert und vom restlichen Seegetier gesäubert und dann in markierte Aluminium- oder Plastikkästen verpackt, die, bis zur Oberkante gestrichen voll, 50 Pfund fassen. In diesem Zustande wird der Fang später an Land geliefert.

Zehn, zwölf Stunden oder länger sind die Krabbenkutter unterwegs und ein Hol folgt dem anderen. Moderne Navigationseinrichtungen wie Radar, Sichtfunkpeiler und Selbststeuerungsanlage erleichtern heute dem Kuttereigner und seinem Gehilfen die Führung des Schiffes. Trotzdem muß dessen Fangfahrt ständig überwacht werden, weil mit unvorhergesehenen Ereignissen zu rechnen ist. Beispielsweise wurden in den letzten Jahrzehnten im nordfriesischen Wattenmeer zwei dramatische Unfälle registriert, die etlichen Menschen das Leben kostete. Im Mai 1953 verhakte sich das Netz eines Büsumer Krabbenkutters im Rütergat bei Amrum in ein Wrackteil und wurde in Sekundenschnelle durch den Hebelzug über Leine und Ausleger umgerisssen. Der Eigentümer Willy Jaspers ertrank, ebenso seine beiden Gehilfen. Ein ähnlicher Unfall ereignete sich im Juni 1982, der vier Menschenleben forderte. Diesmal verhakte sich das Netz des Husumer Kutters »Liane« an einem Findling im Kolumbusloch nordwestlich von St. Peter-Ording. Neben der dreiköpfigen Besatzung fand auch ein Fahrgast den Tod, während sich zwei weitere an einem Fender festhaltend, nach über 5 Stunden an Land retten konnten.

*

»Krabben« werden die daumenlangen Krebstiere allgemein genannt. Aber der richtige Name lautet Nordseegarnele. Mit »Krabben« werden kurzschwänzige Krebse bezeichnet. Plattdeutsch heißen die Krabben »Porren«, und an der Weser sowie in Ostfriesland sind sie als »Granat« bekannt. Sie sind mit einigen Arten in der Nord- und Ostsee vertreten, werden aber nur an der Nordseeküste wirtschaftlich genutzt. Diese konzentrierte Nutzung ist nur möglich, weil die Krabbe eine beachtliche Vermehrungsrate hat und sich schnell regeneriert.

Die Verpaarung erfolgt in der Zeit, wenn sich die Weibchen »häuten«, das heißt, ihren alten Chitinpanzer abgestreift und noch keinen neuen gebildet haben. Auf diesen Augenblick lauern die Männchen, um ihre Samenpäckchen in die Geschlechtsorgane des Weibchens zu plazieren, das zum Zwecke der Kopulation auf den Rücken gelegt wird. Wenige Stunden später beginnt die Eiablage. Zwischen 2000 und 12000 Eier werden abgelegt und vom Weibchen bis zum Ausschlüpfen zwischen den Beinen getragen. Je nach Wassertemperatur erfolgt der Schlupf vier bis zwölf Wochen nach dem Eierlegen. Krabben laichen im Sommerhalbjahr zweimal und noch ein drittes Mal im Laufe des Winters. Um diese Zeit halten sich die umherwandernden Schwärme aber in der tieferen Nordsee auf.

Leuchttürme, Baken und Bojen

Zu den markantesten Bauwerken der Küste gehören Leuchttürme, die als hochaufragende Orientierungspunkte am Tage und mit ihren Lichtern als Wächter über nächtliche Schiffswege überall an der Festlandsküste sowie auf Inseln und Halligen stehen. Leuchttürme sind die bekanntesten Merkmale des umfangreichen Seezeichenwesens und zugleich auch die ältesten. Denn schon 279 vor Chr. errichteten die Ägypter auf der Insel Pharos im Nildelta einen »Feuerturm«, den man heute zu den sieben Weltwundern rechnet. Von diesem Turm ist heute aber nichts mehr vorhanden.

Das älteste Seezeichen an der deutschen Nordseeküste ist der hochaufragende Turm auf der Insel Neuwerk an der Elbemündung. Er wurde Anno 1310 von der Hansestadt Hamburg errichtet und sollte als Sichtmarkierung für die Einfahrt zur Elbe, aber auch als Festungswerk dienen. Später wurde im Turm ein Kohlenfeuer abgebrannt, um der nächtlichen Schiffahrt eine Orientierung zu geben, und 1814 erhielt die Turmspitze ein Lampenfeuer. Aus dem Jahre 1410 ist eine Kape, ein Bauwerk aus Holz, als Tagessichtmarke für die Weser belegt. Eine Abrechnung aus der Zeit von 1450 verrät, daß der Rat der Stadt Hamburg durch Schiffer die Aufforderung erhielt, das Fahrwasser der Elbe durch Markierungen zu sichern und diesem Gesuch mit dem Auslegen von Tonnen und der Errichtung von Kapen (Baken) Folge leistete.

Im Laufe des 15. und 16. Jahrhunderts begannen dann weitere Hafenstädte und Landschaften wie Leer, Oldenburg, Bremen, Dithmarschen, Tönning und Husum für ihre Einfahrten verschiedene Seezeichen zu plazieren. Aus Emden, Bremen, Hamburg und anderen Städten sind seit dieser Zeit »Bartenmeister« oder »Tonnenvorsteher« überliefert, die für das Seezeichenwesen zuständig waren und der Stadtverwaltung unterstanden. An der schleswig-holsteinischen Westküste gab es nur zwei Hafenstädte von Bedeutung, Tönning und Husum. Hier lag das Seezeichenwesen von Anfang an in Händen der Landesherrschaft. Herzog Adolf beauftragte 1561 Vertreter der Bürgerschaft Husum und der Schiffergilde mit deren Durchführung. Erst 1845 wurde das Seezeichenwesen vom damals dänischen Gesamtstaat übernommen. Zur Aufsicht wurde in Husum ein Kreuzzollinspektor eingesetzt, der bis 1864, bis zur Einverleibung der Herzogtümer Schleswig und Holstein in Preußen, amtier-

Leuchtturm Amrum

te. Die neue preußische Regierung machte es sich dann zum Anliegen, das Seezeichenwesen in den folgenden Jahrzehnten zu perfektionieren. An der südlichen Nordseeküste wurde in der Zeit der Napoleonischen Besetzung ab 1806 das Seezeichenwesen von der Besatzungsmacht übernommen und nach einheitlichen Regeln ausgebaut. Aber nach dem Ende der französischen Herrschaft mußten die einzelnen Hafenstädte und Landschaften die Verantwortung wieder übernehmen.

Die Finanzierung des Seezeichenwesen erfolgte in den Anfangsjahrhunderten aber nicht durch die Hafen- und Handelsstädte, sondern durch die Schiffe, die das markierte Fahrwasser befuhren. Sie mußten »Tonnengeld«, »Feuergeld« und »Bakenzoll« bezahlen. Über diese Abgaben gab es nicht selten Streit. Beispielsweise verweigerten die Repräsentanten der Seefahrerinsel Föhr der Stadt Husum das Bakengeld, als im Jahre 1744 der Föhrer Schmackschiffer Pay Mellfs die Einfahrt in die Schmaltiefe verfehlte und mit etwa einhundert heimkehrenden Seefahrern und Walfängern vollständig verun-

Leuchtturm Kampen – Sylt

glückte. Die Schmaltiefe gehörte damals zum Seezeichenbereich von Husum, und seitens der Seefahrerinseln Föhr und Amrum versuchte man, das vor der eigenen Türe liegende Fahrwasser in die Zuständigkeit zu bekommen.

Erst in der Zeit des Deutschen Reiches, 1873, gerieten die Aufsicht und Gesetzgebung des Seezeichenwesens in die alleinige Regie des Staates. 1887 wurden Grundsätze für ein einheitliches System der Betonnung an der deutschen Nordseeküste, 1904 auch ebensolche über die Leuchtfeuer erlassen. Das Seezeichenwesen unterstand entsprechend der herkömmlichen Praxis zunächst dem Preußischen Minister für Handel und Gewerbe, von 1879 an dem Ministerium für öffentliche Arbeiten, ab 1893 dem Reichsamt des Inneren und seit 1919 dem Verkehrsministerium.

Mit dem Aufblühen der Handelsseefahrt im Mittelalter wurde es besonders wichtig, den Schiffsführern im Bereich der heutigen deutschen Nordseeküste Orientierungshilfen zu geben. Das Wattenmeer mit seinen zahlreichen Sänden und Untiefen war für Segelschiffe ein überaus gefährliches Fahrwasser, und die zahlreichen Strandungsfälle mit dramatischen Verlusten von Schiffen und Schiffsvolk an den Stränden der Ost- und Nordfriesischen Inseln, redeten eine deutliche Sprache. Auch heute noch gehört dieser Küstenbereich zu den gefährlichsten der Weltmeere und weist, wie kein anderer Bereich, ein entsprechend dichtes System von Seezeichen auf.

Erste Orientierungshilfen waren zunächst hervorgehobene Küstenmerkmale und Bauwerke wie Kirchen und Mühlen auf den Inseln. Solche sogenannte »Vertoonungen« von Insel- und Küstensilhouetten wurden bereits 1545 in einem Handbuch gezeigt.

Zu den früheren, künstlichen Seezeichen, gehören »Pricken«, Baumstämme, die in gewissen Abständen am Rande des Fahrwassers standen. Sie sind auch heute noch für besonders enge Priele und Ströme in Gebrauch. Pricken waren und sind die billigsten Seezeichen, mußten und müssen aber fast alljährlich erneuert werden, weil sie bei Eisgang im Winter weggebrochen werden. An der schleswig-holsteinischen Westküste waren noch bis in die 1930er Jahre neben den Tonnenlegern zusätzliche »Bakenstecher« tätig, deren einzige Aufgabe darin bestand, mit eigenen Schiffen die von den Seezeichenbehörden gelieferten Stech- und Spierenbaken in die vertraglich genannten Priele zu setzen und ganzjährig deren ordnungsgemäßen Zustand zu überwachen. Erst nach dem 2. Weltkriege ging auch diese Aufgabe an die Tonnenleger über.

Emden, Bremen und Hamburg hatten in der Frühzeit des Seezeichenwesens solche speziellen »Tonnenbojer«, engagierten aber später Küstenschiffer für diese Aufgabe, die auch an der schleswig-holsteinischen Küste mit dem Tonnenlegen beauftragt wurden. Erst 1814 legte sich die Eiderkanalkommission ein eigenes Tonnenschiff zu. Daneben waren aber auch Küstenschiffer mit eigenen Fahrzeugen tätig, am längsten im Bereich des nordfriesischen Wattenmeeres. Hier wurde erst 1983 der über fast 150 Jahre und durch 6 Generationen der Schifferfamilie Ricklefs laufende Vertrag aufgehoben und im Seezeichenhafen Wittdün-Amrum ein »amtliches« Tonnenlegerschiff stationiert.

Neben den Pricken kamen bald auch »Kopfbaken« und »Kapen« in Gebrauch. Hier handelte es sich um größere Baumstämme mit einem deutlichen Topzeichen in Form einer Tonne oder eines Weidenkorbes, die auf weitere Entfernungen zu sehen waren. Die »Kapen«, heute »Baken« genannt, waren noch massiver gebaut und bildeten

*Bake mit Rettungsraum
auf Süderoog-Sand*

Im Seezeichenhafen

zuletzt mächtige, bis knapp 40 m hohe Balkengerüste in verschiedenster Form, die über etliche Seemeilen hin die Einfahrten sichtbar machten. Die »Baken« standen auf hohen Sänden oder Sandinseln oft weit vor der Küste. Einige, wie beispielsweise die Seesand-Bake südlich von Amrum oder auf dem Süderoog-Sand hatten auf halber Höhe einen Notraum für Schiffbrüchige. Etliche dieser Baken gehören auch heute noch zu den markanten Bauwerken des Seezeichenwesens an der deutschen Nordseeküste. Die Bake auf Süderoog-Sand wurde noch 1987 erneuert. Sie trägt neben dem Rettungsraum seit 1940 im Top ein Quermarkenfeuer.

Sehr frühzeitig, an niederländischen Küsten bereits um 1410 urkundlich belegt, kamen Seetonnen als Markierung des Fahrwassers in Gebrauch. Es handelte sich um wasserdichte Holztonnen verschiedenster Formen, durch kräftige Eisenreifen armiert und mit Eisenketten an Steinplatten oder durchbohrten Findlingen am Meeresboden verankert. Oft trugen diese Tonnen Stadtwappen von Hamburg oder Bremen oder sonstige Zeichen. An Land wurden Tonnenhöfe und -häuser eingerichtet, wo die Tonnen zwecks Reparatur oder im Wechsel der Sommer- und Winterbetonnung lagerten. Schon Ende des 16. Jahrhunderts wurden auf der Elbe farbige Tonnen ausgelegt, die je nach Farbe die Einfahrt sowie Steuerbord- und Backbordseite markierten. Erst Mitte des 19. Jahrhunderts, teilweise erst nach der Jahrhundertwende gingen die Behörden des Seezeichenwesens dazu über, die hölzernen Tonnen gegen solche aus Eisen auszuwechseln.

Heute zeigen uns die Tonnenhöfe der Wasser- und Schiffahrtsämter an der Nordseeküste eine Vielfalt von Seezeichen, von den einfachen Pricken und Stangen, den grau-grünen (Steuerbordseite) und den grau-roten (Backbordseite) numerierten Fahrwassertonnen, den Spezialtonnen, die namentlich die Einfahrt eines Fahrwassers oder Gefahrenstellen markieren, bis hinauf zu Leuchtfeuertonnen.

*

Die wirklichen Wahrzeichen des Seezeichenwesens aber sind die Leuchttürme. Wie erwähnt, wurde ein erster Turm mit nächtlich brennendem Feuer schon vor der Zeitrechnung von den Ägyptern gebaut, aber die ältesten Feuertürme an der Nordseeküste – mit Ausnahme des Festungsturmes auf Neuwerk – datieren erst aus dem 17. Jahrhundert. Vorläufer der gemauerten Türme waren zunächst einfache Holzgestelle mit Wippstangen, an denen Eisenkörbe mit Kohlenfeuer hingen. Mancherorts haben auch Inselbewohner am Strande einfach ein offenes Feuer abgebrannt, wenn ein Schiff erwartet wurde oder sich die Fischer verspätet hatten. Die Geschichte erzählt aber auch, daß solche Feuer öfter mißbraucht wurden, um fremde Schiffe in die Strandbrandung zu locken. Denn Strandungsfälle bedeuteten »Strandsegen«, legalen Gewinn beim Bergen von Schiffsgütern oder dem Wiederflottmachen gestrandeter Schiffe, oder verbotene Beute durch die Strandräuberei. Daß solche Fälle vorgekommen sind, beweist die »Strandordnung«, die der dänische König Friedrich IV. im Jahre 1705 erließ. Hier wird in einem Paragraphen bei Androhung der Todesstrafe verboten, in der Nacht falsche Feuer anzuzünden oder falsche Merkzeichen aufzustellen.

Aus den ersten Jahrzehnten des 17. Jahrhunderts sind hohe Holzgerüste mit Plattformen und offenem Steinkohlenfeuer bekannt (Wangerooge 1624). Wenig später, 1630 wurde auf Helgoland ein Turm aus Steinen errichtet, um als »Feuerblüse« zu dienen. Doch hatte der Erbauer große Schwierigkeiten mit den Inselbewohnern, und er selbst und sein Werk mußten durch Militär und Anordnungen des Herzoges Friedrich III. geschützt werden. Auch die Helgoländer verdienten damals viel Geld an Strandungs- und Bergungsfällen sowie am Lotsendienst. Und dieses »Geschäft« wurde durch die »Feuerblüse« beeinträchtigt. Tatsächlich mußte dann infolge des anhaltenden Widerstandes der Unternehmer der »Blüse«, der Niederländer Johann Berends, schon um 1637 den Betrieb einstellen, »weil ich genügend Haß kennengelernt habe, da durch das Feuer viele Seefahrer behütet werden, aber es den Einwohnern von Helgoland nicht zum Besten gereicht . . .« Erst 1679 konnte eine von Hamburg erbaute Steinkohlenblüse nach anfänglichem Widerstand ihre Tätigkeit aufnehmen. Eine weitere, etwa 9 m hohe Blüse wurde 1705 auf Wangerooge errichtet, nachdem das vorherige Holzgerüst abgebrannt war. Diese alten Feuerblüsen erforderten viel Brennmaterial, und auch die »Blüsenmeister« mußten während des Betriebes anwesend sein, um das offene Feuer zu versorgen.

Eine neue Epoche leitete die Erfindung französischer Ingenieure in der zweiten Hälfte des 18. Jahrhunderts ein. Durch einen parabolischen Reflektor ließ sich die Lichtquelle verstärken und gebündelt in eine bestimmte Richtung aussenden. Und als es im Jahre 1782 dem Franzosen Argand gelang, einen Ölbrenner mit entsprechenden Re-

flektoren zu konstruieren, wurde der Weg zu den heutigen Leuchttürmen frei. 1802 wurden in Cuxhaven, 1814 auf Helgoland und
Wangerooge, 1815 auf Borkum und nachfolgend auf den anderen Inseln Leuchttürme mit dem Argandschen System erbaut. Und noch
einmal war es ein französischer Ingenieur, A. Fresnel, dessen Linsen-
apparat mit Optik und Spiegelreflektoren eine wesentliche Verstär-
kung des Lichtes ermöglichte. Als Brennstoff wurde allgemein Rüböl verwendet, das mit reiner Flamme brannte. Große Leuchtfeuer
verbrauchten allerdings bis zu 4 000 kg Rüböl, ab den 1870er Jahren
das billigere Mineralöl, im Durchschnitt des Jahres. Um 1890 begann
die Zeit des elektrischen Stromes. Die Türme von Borkum, Neufahr-
wasser und Campen an der Unterems waren die ersten, die ihre
Lichtquelle mit Strom aus Akkumulatoren speisten. Etliche Leuchtfeuer wurden aber erst elektrifiziert, nachdem die betreffende Insel
oder Küstenlandschaft Strom aus einem öffentlichen E-Werk erhielt.

Fast alle heute noch vorhandenen Leuchttürme an der deutschen
Nordseeküste wurden im Laufe des 19. oder Anfang des 20. Jahrhunderts errichtet. Solange sie mit Öl befeuert wurden und alle Vorgänge
von Hand zu bedienen waren, erforderten Leuchttürme einen entsprechenden Personalaufwand. Für den Betrieb der Feuer 1. Ordnung waren 3 Wärter mit entsprechender technischer Ausbildung
notwendig, um in Schichtwechsel den ordnungsgemäßen Ablauf zu
überwachen. Deshalb sind noch heute in unmittelbarer Nähe vieler
Leuchttürme die großen Wärterhäuser vorhanden, in denen damals
die Bediensteten mit ihren Familien wohnten.

In den 1970er Jahren aber ging der »Fortschritt« über Leuchttürme und Leuchtturmwärter hin. Nacheinander wurden alle Türme auf
vollautomatischen Betrieb umgestellt, die Wärter entlassen oder auf
andere Positionen gesetzt. Heute gibt es keine Wärter mehr.

Neben den großen Leuchttürmen, deren Licht-Kennung von
Turm zu Turm unterschiedlich ist, um den Schiffsführern draußen
auf See den geografischen Standort zu vermitteln, stehen noch zahlreiche Quermarken-, Unter-, Leit- und sonstige Feuer an der Küste
sowie auf Inseln und Halligen. Sie wurden ursprünglich ohne dort
stationierte Wärter mit Gaslicht betrieben, sind heute aber in die
Vollautomatik mit einbezogen oder müssen noch – wenn sie auf unbewohnten Sänden liegen, nach alter Weise gewartet werden.

Ein besonderes Kapitel des Seezeichenwesens ist auch die Geschichte der Leuchtfeuerschiffe draußen im Meer. Wegen der zahlrei-

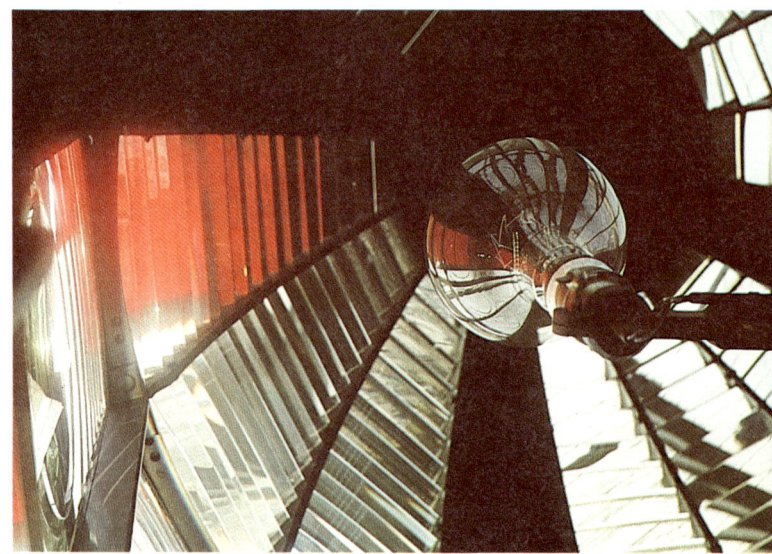
Leuchtturm-Kuppel mit Prismenkorb und Lampe

chen tückischen Sände weit vor den Mündungen der Ströme und Einfahrten, wurden schon Anfang des 19. Jahrhunderts Schiffe mit Leuchtvorrichtungen auf Seeposition stationiert, zuerst 1815 vor der Eider, 1816 vor der Elbe. Im Laufe des 19. Jahrhunderts erfolgte die Besetzung weiterer Positionen. Aber heute liegen nur noch am Borkumriff und vor der Elbemündung je ein Feuerschiff.

Die Unterhaltung dieser Feuerschiffe – zeitweilig schwammen bis zu 20 vor der deutschen Nordseeküste – war noch kostspieliger als jene der großen Leuchttürme. Feuerschiffe hatten Besatzungen von 12–15 Mann, die nach einem bestimmten Turnus von einer anderen Besatzung abgelöst wurden. Der Dienst auf den Feuerschiffen, abgeschnitten von Familie und Festland, war aber nicht nur geprägt von Einsamkeit, sondern auch von Gefahren. Im Fahrwasser liegend, drohte ständige Kollisionsgefahr. 1911 sank das Feuerschiff »Elbe 5«, nachdem es gerammt war. Und ein ähnliches Schicksal erlitt 1970 auch »Elbe 1«. Feuerschiffe sind aber auch durch Orkane gefährdet. 1824 ging eines auf der Unterelbe mit 8 Mann Besatzung und 2 Lotsen zugrunde, und 1936 kenterte bei dem schweren Orkan am 27. Oktober das Feuerschiff »Elbe 1« und riß 15 Mann mit in die Tiefe.

Strandungsfälle und Rettungswesen

Im frühen Mittelalter begann sich die Nordsee mit Handelsschiffen zu beleben. Die Hanse blühte auf und zwischen den Handels- und Hansestädten der Nordsee und Ostsee, hinunter in das Mittelmeer, hinüber nach Groß-Britannien und hinauf nach Norwegen, herrschte reger Schiffsverkehr. Ständiger Begleiter der Handelsfahrer aber war die Strandungsgefahr. Es fehlte zunächst an Seezeichen und Navigationsmitteln, hilflos waren die Segelschiffe den Stürmen ausgeliefert.

Besonders gefährlich war die Küste zwischen Holland und Dänemark im Bereich der Deutschen Bucht. Hier lag und liegt das Wattenmeer mit seinen wechselnden Wasserständen, Untiefen und Sänden sowie mit dem bei Westwindstürmen luvseitigen Küsten. So gab es – solange wie Segelschiffe fuhren, nämlich bis in die Anfangsjahrzehnte den 20. Jahrhunderts – kaum einen länger dauernden Sturm ohne Strandungsfall.

Strandungsfälle aber spielten für die durchweg arme Küstenbevölkerung, besonders für die Bewohner der kargen Düneninseln, eine große Rolle. War ein Schiff mit kostbarer Ladung gestrandet, bedeutete dies in der Regel großen Gewinn. Unter Leitung der von der Landesherrschaft eingesetzten Strandvögte bargen die Insulaner, was an Gütern zu retten war oder machten vielleicht das gestrandete Schiff wieder flott. Und dann mußten Schiffseigner und die »Ladungsinteressenten«, die Kaufleute, denen die Güter gehörten, hohe Bergungsprämien bezahlen. Je nach Aufwand der Bergungsarbeiten betrugen diese bis zu einem Drittel vom Wert des Schiffes und der Ladung. Noch bis Anfang des 20. Jahrhunderts gab es auf manchen Inseln, vor allem Amrum und Sylt, keine andere Erwerbsquelle, an der in kurzer Zeit soviel Geld zu verdienen war, wie an einem Strandungsfall. Entsprechend groß war die Aufregung, wenn es hieß: »Schiff auf Strand«!

Aber auch die »Strandräuberei« stand trotz entsprechender Verbote und Beaufsichtigung zeitweilig in höchster Blüte. Die Insulaner bargen im Schutze dunkler Nächte antreibende Strandgüter, ohne diese der Obrigkeit anzumelden. Wurden sie bei diesem Tun gefaßt, gab es Gefängnisstrafen.

Allerdings machte sich auch die Obrigkeit lange Zeit der »Strandräuberei« schuldig und gab in moralischer Hinsicht kein gutes Beispiel. Noch bis Anfang des 19. Jahrhunderts nämlich, beanspruchte die Landesherrschaft bei einem Strandungs- und Bergungsfall an schleswig-holsteinischen und anderen Küsten für sich ein Drittel vom Werte geborgener Güter oder Schiffe, bloß weil diese auf einen Strand geraten waren, der dem Landesherren gehörte.

Dieser »legalen« Enteignung wurde erst durch das Strandgesetz, das der dänische König Christian VII. im Jahre 1803 erließ, ein Ende gemacht. Für die Küsten der Herzogtümer Schleswig und Holstein wurden die Grundsätze des dänischen Strandrechtes gültig, das schon im 13. Jahrhundert im »Jydske Lov« ausgeschrieben war und Strandvögte und Küstenbewohner bei Strafe verpflichtete, allen Schiffbrüchigen zu helfen und nur »billigen Bergelohn« zu verlangen. Die Staatskasse beanspruchte fortan nichts mehr.

Soweit Aufzeichnungen und Strandungsprotokolle zurückreichen, weisen diese im 18. und 19. Jahrhundert für die deutsche Nordseeküste über 700 Strandungsfälle auf, die meisten im Bereich der tückischen Seesände vor Amrum und am Strande von Sylt sowie an der Einfahrt zur Weser und Elbe. Aber auch bis zur Gegenwart hin sind immer wieder Schiffe trotz Maschinenkraft und modernsten Navigationsmitteln gestrandet, allerdings durch aufwendige Bergungsaktionen in der Regel wieder flottgemacht. Es liegen aber auch Wracks großer Frachter, die in den letzten Jahrzehnten strandeten, vor der Küste, etwa »Ondo« und »Fides« auf dem Vogelsand vor der Elbe oder die »Pella« südwestlich von Amrum.

Verbunden mit Strandungsfällen sind die dramatischen Begleitumstände, die unzähligen Seeleuten und Schiffspassagieren das Leben gekostet haben, aber auch Berichte über gelungene Rettungsaktionen. Zeugen solcher Ereignisse sind die noch heute vorhandenen »Namenlosenfriedhöfe« auf etlichen ost- und nordfriesischen Inseln. Hier liegen unter schlichten Kreuzen oder Fliesen ertrunkene Seeleute, deren Namen sich nicht mehr ermitteln ließ. Nur das Datum des Fundtages am Inselstrande steht auf Holz oder Stein.

*

Strandungsfälle mit zahlreichen Toten waren Anlaß zur Gründung der »Deutschen Gesellschaft zur Rettung Schiffbrüchiger« im Jahre 1865 in Kiel. Insbesondere rüttelte die Strandung des Auswandererschiffes »Johanne« im November 1854 vor der Insel Spiekeroog die Öffentlichkeit wach. Das Auswandererschiff war mit 216 Passagieren an Bord von Geestemünde nach Baltimore bestimmt, als es am

6. November 1854 bei einem Nordweststurm in die Brandung von Spiekeroog geriet. Vergeblich wurden die Masten gekappt, um die Schieflage des Schiffes zu beheben. Brecher schlugen in das Schiff und verursachten Panik unter den Passagieren. Am Strande von Spiekeroog standen die Bewohner und schauten hilflos diesem Schauspiel zu. Die Gezeitenverhältnisse und die hohe Brandung erlaubten keine Rettungsaktion. Erst nach 6 Stunden gelangte man an das Wrack. Aber für 77 Passagiere, vor allem Frauen und Kinder, kam die Hilfe zu spät.

Dieser Vorfall sowie nachfolgende Strandungsfälle machten darauf aufmerksam, daß es im Gegensatz etwa zu Groß-Britannien an den deutschen Küsten keine Rettungsmittel gab. Aufrufe in den Zeitungen führten dann dazu, daß in den Folgejahren Reeder und Kaufleute etlicher Hafenstädte Rettungsstationen an der Nord- und Ostsee einrichteten. Sie wurden auf einer Versammlung in Kiel im Jahre 1865 durch die Initiative von Dr. Arwed Emminghaus aus Bremen zur »Deutschen Gesellschaft zur Rettung Schiffbrüchiger« zusammengeschlossen.

Von Bremen aus begann die DGzRS nun das Rettungswerk zu organisieren. An gefährdeten Küsten wurden Rettungsgeräte, offene Ruderboote mit Schutzvorrichtungen gegen Sinken und Kentern, oder Raketenapparate für Leinenverbindungen zu gestrandeten Schiffen stationiert. Freiwillige aus den Inseldörfern und Küstenorten bildeten die Mannschaften dieser Rettungsmittel. Bis etwa zum Jahre 1890 hatte die DGzRS an der Nord- und Ostseeküste 105 Stationen eingerichtet. Die finanziellen Mittel dazu wurden durch Zuwendungen aus Kreisen der Seefahrt und Spenden aus der Bevölkerung aufgebracht - ein Prinzip, nach dem auch heute noch gearbeitet wird. Nur ganz selten wurde die Hilfe des Staates in Anspruch genommen.

Ruderrettungsboote und Raketenapparate haben jahrzehntelang das Rettungswerk getragen und hunderten von Seeleuten das Leben gerettet. In den Berichten der Vormänner der einzelnen Stationen sind die oft dramatischen Einsätze aufgeschrieben und an die Zentrale nach Bremen gesandt worden. Hier sind sie in den Jahrbüchern veröffentlicht worden - damals wie heute. Mehrere Rettungsmänner haben bei Einsätzen ihr Leben verloren. Beispielsweise kenterte Ende Oktober 1890 das Ruderrettungsboot »Theodor Preusser« der Station Amrum-Nord in einer Grundsee bei Hörnum-Sylt, wobei

Gestrandeter Kümo

Rettungsboot der DGzRS

zwei Rettungsmänner ums Leben kamen, während sich die übrigen bei Hörnum an Land retten konnten. Besonders tragisch war der Einsatz des Rettungsbootes »Vegesack« von Horumersiel Anfang Dezember 1909. Nachdem es bei schwerstem Wetter gelungen war, die Besatzungen von zwei Schiffen zu retten, konnte man wegen des Sturmes nicht zurück in den Heimathafen gelangen. Als einige Grundseen das Boot voll Wasser geschlagen hatten, trieb es in der fürchterlichen See die ganze Nacht umher, bis es schließlich gelang, die Sandinsel Minsener Oldeoog an der Außenjade zu erreichen. Aber von den 7 Schiffbrüchigen waren 6 an Unterkühlung gestorben, und ein Mann des Rettungsbootes starb vor Erschöpfung.

Im November 1940 hatte das Rettungsboot »Hindenburg« der Station Borkum noch die Besatzung eines finnischen Dampfers gerettet und fuhr Anfang Dezember zu einem weiteren Seenotfall. Aber das Rettungsboot kehrte nicht wieder zurück. 6 Männer verloren ihr Leben. Aber auch die modernen Seenotkreuzer sind nicht allen Naturgewalten gewachsen. Ende Februar 1967 verunglückte das Rettungsboot »Adolf Bernpohl« der Station Helgoland, wobei 4 Rettungsmänner und 3 holländische Fischer ertranken.

Eben nach 1900 wurden die bisherigen Rettungsboote durch solche mit Motor abgelöst. Nach dem 2. Weltkrieg erfolgte dann die Konstruktion der Rettungsboote mit dem charakteristischen Turmaufbau, deren Prinzip bis heute kontinuierlich weiterentwickelt ist. Vorläufiger Höhepunkt dieser Entwicklung sind die drei größten Rettungsboote »John T. Essberger«, »Hermann Ritter« und »Wilhelm Kaisen«, die mit jeweils 12köpfiger Besatzung auf Seeposition liegen. Diese Seenotkreuzer sind reichlich 44 m lang, 8 m breit, haben einen Tiefgang von 2,75 m und drei Schrauben mit insgesamt 7 200 PS. Kennzeichnend für diese Boote, die mit allen nautischen und nachrichtentechnischen Einrichtungen versehen sind, ist das Hubschrauberlandedeck über dem Tochterboot in der Heckwanne. Die Geschwindigkeit dieser Seenotkreuzer liegt bei 26 Knoten = 26 Seemeilen = 48 Kilometer Std.

Auf 17 Stationen der Ostsee und 20 der Nordsee sind die Männer der DGzRS Tag und Nacht einsatzbereit. Dazu kommen die SAR-Hubschrauber (Search and Rescue = Suchen und Retten) der Bundesmarine, mit denen die DGzRS Hand in Hand zusammenarbeitet. Seit Gründung der Rettungsgesellschaft im Mai 1865 wurden bis 1986 über 45 000 Menschen aus Seenot befreit.

Von der Seefahrt zum Fremdenverkehr

Jahrhundertelang fuhren die Bewohner der Inseln und Halligen zur See, als Walfänger hinauf in das Eismeer, um Wale zu erbeuten und Robben totzuschlagen, als Handelsfahrer über alle Ozeane der Welt. Und viele Insulaner waren Commandeure, Führer von Walfang- und Robbenschiffen holländischer, hanseatischer und dänischer Reeder, oder Kapitäne auf Kauffahrtei, wie man die Handelsfahrt früher nannte. In Schlachten mit Eisbären und Walen, den größten Lebewesen der Erde, auf den stürmischen Wasserwüsten der Weltmeere, in Gefangenschaft unter Menschenfressern und in der Sklaverei des Osmanischen Reiches, dessen Seeräuber auf Handelsschiffe lauerten, haben sich inselfriesische Männer bewährt und jahrhundertelang Geschichte gemacht. Und Ende des 19. Jahrhunderts, als Walfang und Seefahrt nicht mehr lohnten, eroberten sie als Auswanderer mit Pioniergeist die Neue Welt. Heute sind sie Raumpfleger, Gastwirte, Zimmer- und Strandkorbvermieter und üben sonstige Berufe und Gewerbe auf dem Dienstleistungssektor aus, oder sind auf andere Weise in die Haupterwerbsquelle der Nordseeküste, in den Fremdenverkehr eingebunden. Wie kein anderes Ereignis hat der Fremdenverkehr das Leben am Meer und die Landschaft verändert, insbesondere hinsichtlich der Bebauung.

Das Badeleben begann Mitte des 18. Jahrhunderts zunächst an englischen Atlantikküsten, wo man sich von den Folgen der zunehmenden Industrialisierung erholte. Das erste Bad an der deutschen Nordseeküste hieß Norderney. Es wurde 1797 gegründet und erlebte eine erste Glanzzeit, als auf dem Wiener Kongreß 1814 im Zuge der europäischen Staatenneuordnung auch das Königreich Hannover wieder hergestellt wurde. Die Könige von Hannover wählten Norderney als Sommerresidenz und erbauten ein Sommerschloß, das heutige Kurhaus. Wo Könige weilen, wollen auch andere Leute hin. Und so entfaltete sich auf der ostfriesischen Insel im Laufe des 19. Jahrhunderts eine fashionable Bade- und Kurgesellschaft, die vor und nach 1900 in der wilhelminischen Ära eine Fortsetzung fand.

Die anderen ostfriesischen Inseln entwickelten sich erst ab 1830/40 allmählich zu Bäderinseln, Baltrum erst um die Jahrhundertwende. Aber hier blieb lange Zeit alles im Rahmen einer kontinuierlichen

Entwicklung, die auch heute noch etliche Ostfriesische Inseln prägt und so liebenswert macht.

Der älteste Badeort auf den nordfriesischen Inseln ist Wyk auf Föhr. Föhr war wie keine andere eine Insel der Walfänger und Seefahrer. Als dann Anfang des 19. Jahrhunderts die napoleonischen Kriegswirren diesen Erwerb für Jahrzehnte lahm legten, geriet der Ort Wyk in eine wirtschaftliche Krisenzeit. Insbesondere drückten die Zinsen und Abträge des Hafenbaues, den man in Erwartung fortdauernder Blüte der Seefahrt angelegt hatte. In dieser Situation machte der Gerichtsvogt M. C. von Colditz den »wohlhabenden Einwohnern« den Vorschlag, eine Badeanstalt einzurichten, was 1819 geschah.

Der Besuch blieb in den ersten Jahrzehnten jedoch mäßig, und die Aktiengesellschaft der Badeanstalt bewegte sich ständig am Rande des Konkurses. Aber auch hier sorgte dann ein Königsbesuch für eine plötzliche Belebung des Badeortes. Es war König Christian VIII. von Dänemark, der in der Zeit von 1842 bis 1847 Wyk zur Sommerresidenz erwählte und hier alljährlich mit einem Teil seines Hofstaates zur Erholung weilte. Diese »Königszeit« verklärt noch heute die Geschichte der Badeanstalt Wyk. Nach dem Ende der Königszeit und dem Staatswechsel gab es zwar noch einmal schwierige Jahre, aber im Deutschen Reich beehrte der preußische Hofadel das Bad und es folgte seitdem eine stete, nur von den beiden Weltkriegen unterbrochene Aufwärtsentwicklung. Von einigen wenigen Großbauten abgesehen, hat Wyk es verstanden, seine gemütliche Atmosphäre bis heute zu bewahren.

Das heute an der Nordseeküste wohl bekannteste Bad, Westerland, entstand 1855. Auch auf Sylt war das Erwerbsleben jahrhundertelang der Seefahrt gewidmet, und auch hier mußten neue Wege gesucht werden. Aber Sylt wurde zunächst von Föhr aus entdeckt. Badegäste von Wyk unternahmen »Lustfahrten«, wie man die Schiffsausflüge damals nannte, nach Sylt und entdeckten dort eine ganz neue, von urtümlichen Naturlandschaften geprägte Welt. Unter diesen Besuchern war auch ein Dr. Ross aus Altona. Derselbe ergriff die Initiative zu einer Badeanstalt, und nachdem etliche Einwohner für diesen Plan gewonnen waren, erfolgte 1857 die Grundsteinlegung zur »Dünenhalle«, wobei Dr. Ross eine bemerkenswerte Rede hielt, in der es unter anderem hieß: ». . . Für die Bewohner wird das, was wir heute beginnen, nicht ohne Bedeutung bleiben. Schlagt die Blät-

Badeleben in der Brandung

Ausflugsschiff

ter eurer Geschichte auf und ihr werdet finden, daß zu keiner Zeit die eigene Erdscholle euch alleine ernähren konnte. Früher bereicherte euch der Walfang, jetzt der Schiffsdienst. Wer aber vermag in die Zukunft zu schauen, ob nicht, wie das eine aufhörte, im Laufe der Zeit auch das andere geschmälert werden kann? Deshalb erkennt es dankbar an, daß die gütige Natur eure Insel mit so herrlichen Eigenschaften zu einem Seebade ausstattete ... Im Verkehr mit den Badegästen wird euer Gesichtskreis sich erweitern, der gesunde Sinn aber, der euch auszeichnet und durch alle Meere der Welt führte, dieser gesunde Sinn wird euch auch leiten, von dem dargebotenen Neuen bloß das Gute zu behalten ...«

Die Anfangsjahre waren aber noch von Schwierigkeiten gekennzeichnet, insbesondere nach dem Tode von Dr. Ross im Jahre 1861. Auch fehlte es nicht an Widerständen gegen den Fremdenverkehr und die damit verbundene Verfremdung der Insel. Aber in den Gründerjahren des Deutschen Reiches gab es dann kein Halten mehr. Unzählige Interessenten aus allen Teilen des Reiches »eroberten« sich Stück um Stück des Friesendorfes und errichteten zwischen Dorf und Strand hochaufragende Hotels einer inselfremden Architektur. Und die Badeanstalt geriet den Syltern sehr schnell aus der Hand und kam in den Besitz wechselnder Unternehmer, die den Badeort Westerland zügig zu einem vielbesuchten Weltbad ausbauten. Dieselben Unternehmer begründeten auch das Badeleben im Nachbarort Wennigstedt.

Nach wechselvoller Geschichte erhielt Westerland im Jahre 1905 die Stadtrechte. Und nach den Krisenjahren des 1. Weltkrieges und der nachfolgenden Inflation, die den ganz auf Fremdenverkehr angewiesenen Badeort besonders hart trafen und zahlreiche Konkurse und Besitzwechsel verursachten, war der Bau des Hindenburg-Dammes 1927 ein bedeutendes Ereignis.

Eine rigorose Erneuerungsphase erlebt Westerland seit den 1960er Jahren. Die Hotels und Villen aus der Gründerzeit mit ihren handwerklich verspielten Formen und Fassaden verfielen dem vollständigen Abriß, und an ihrer Stelle entstanden nüchtern-kalte Appartementblöcke. Höhepunkt dieser Entwicklung sollte der Bau des Appartementgebirges »Atlantis« sein, doch das war schließlich den Syltern selbst zuviel. Proteste verhinderten die Durchführung dieses Planes Ende der 1960er Jahre.

Auch auf Amrum entwickelte sich die Initiative zu Badeanlagen

Strandkörbe prägen im Sommer die Inselstrände

Kurzentrum Westerland – Sylt

durch einen Kurgast aus Wyk. Der Architekt Schulze-Waldhausen
entdeckte 1885 anläßlich eines Besuches den Reiz dieser noch völlig
unberührten Insel und richtete flugs einen Antrag an die Gemeinde-
vertretung, mit der Bitte um die Badekonzession. Doch die Gemein-
devertretung lehnte den Antrag einstimmig ab, »weil man den Ver-
derb der guten hiesigen Sitten befürchtete . . . Man sah wohl ein,
. . . daß Handel und Wandel sich heben. Aber es werden vorwiegend
auswärtige Kapitalisten sein, die ihren Profit daran haben.« Doch einige Jahre später verfügte der Königliche Landvogt, vermutlich auf
Grund der wirtschaftlichen Verhältnisse, die zahlreiche Insulaner,
vor allem junge Leute, zur Auswanderung nach Amerika nötigte,
daß die Badekonzession erteilt und Personen dafür benannt werden
sollte. Und dann kam es auf Amrum zu zwei ganz gegensätzlichen
Seebadgründungen. Auf der Südspitze Wittdün entstand vom Jahre
1890 an ein mondäner Badeort mit noblen Villen und Hotels, in denen sich ein wilhelminisches Bade- und Gesellschaftsleben entfaltete
– während sich das Friesendorf Norddorf durch die Seehospize von
Pastor Friedrich von Bodelschwingh zu einem ruhigen Erholungs-
bad entwickelte. Die Aktiengesellschaft Wittdün ging 1906 konkurs,
und als nach dem 1. Weltkrieg die wilhelminische Gesellschaft verschwand, mußten die meisten der Hotels in Kinderheime umgewan-
delt werden. In den 1960/70er Jahren folgte dann ein erneuter Struk-
turwandel mit dem Abriß der Bausubstanz aus den Gründerjahren
und der Errichtung von Appartementhäusern.

Sehr frühzeitig, 1826, wurde auch die Badeanstalt auf der Felsen-
insel Helgoland begründet. Es war der Schiffszimmermann und
Werftbesitzer Jacob Andresen Siemens, der die ersten Badekarren
erstellte und die Einquartierung von Badegästen organisierte. Und
auch auf Helgoland wurde der Weg zu dieser neuen Erwerbsquelle
diktiert von einer wirtschaftlichen Krisenzeit. Wenig vorher nämlich
hatte Helgoland als Stapelplatz für englische Waren während der von
Napoleon verhängten Kontinentalsperre und dem Schmuggel dieser
Kolonialwaren zum Festlande, glänzende Geschäfte gemacht. Aber
1813, mit dem Ende der napoleonischen Herrschaft, war das Wirt-
schaftswunder plötzlich vorbei.

Die Badeanstalt jedoch nahm eine günstige Entwicklung. Das gesunde Klima, die geringe Kindersterblichkeit und die hohe Lebenser-
wartung auf Helgoland sprachen sich herum, und bekannte Dichter
wie Heinrich Heine oder Hoffmann von Fallersleben sowie Maler

und Naturforscher machten die Insel bekannt. Die britische Verwaltung förderte den Fremdenverkehr, insbesondere der Gouverneur Maxse. Helgoland wurde eine Art Reise-Statussymbol.

An der Festlandsküste der Nordsee entstanden landschaftsbedingt nur wenige Badeorte, nur Cuxhaven-Duhnen (1816), Büsum (1828) und St. Peter-Ording (1877) konnten sich im Laufe der Zeit zu heute allerdings bedeutenden Bädern entwickeln.

Bis etwa Mitte des 20. Jahrhunderts blieb das Kur- und Badeleben im wesentlichen auf die traditionellen Badeorte beschränkt. Dann hieß es plötzlich in jedem Dorf in Küstennähe »Zimmer frei«, und es wurde der »Urlaub auf dem Bauernhof« propagiert. Der Fremdenverkehr breitete sich bald in jeden Landschaftswinkel aus, es entstanden »Badestellen« und Campingplätze nebst sonstiger Infrastruktur. Am schwerwiegendsten aber war die übermäßige Bebauung einiger Nordseeinseln und Küstenbäder, die weit über den Bedarf der hier wohnenden und vom Fremdenverkehr lebenden Bevölkerung hinausging, aber gefördert wurde, um aus spekulativen Gründen wertloses Dünen- und Heidegelände gewinnträchtig in Bauland zu verwandeln und Auswärtigen eine Geldanlage zu vermitteln. So entstanden – oft unter Verbrauch schönster Landschaften – unnötige Großbauten in Form von Appartements, oder das Bauen ging mit sogenannten Sommerhäusern in die Breite. Mancherorts wurde aus dem naturliebenden und Einsamkeit suchenden Nordseebadegast ein Massentourist. Und die Entwicklung des Verkehrs zu Wasser und zu Land brachte und bringt Besuchermassen in die fernsten Winkel der Meereslandschaft.

Erst in jüngster Zeit ist ein Umdenken zu verspüren, und der Natur- und Landschaftsschutz hat mit der Ausweisung von entsprechenden Schutzgebieten gegenwärtig einen Status erreicht, wie er in den Jahrzehnten des überschwenglichen Bauboomes kaum denkbar gewesen wäre. Fast jede Nordseeinsel hat heute ihr Natur- und Vogelschutzgebiet und entsprechende Maßnahmen getroffen, um Landschaft, Fauna und Flora zu schützen. Die Natur ist heute eine erstrangige Attraktion des Fremdenverkehrs in einer Landschaft, mit der es die Sonne nicht immer gut meint.

Im Wattenmeer lauert der Tod

Wenn bei Ebbe die Wattenflächen aus dem Meere steigen, wachsen vielerorts Inseln und Halligen untereinander oder mit dem Festlande zusammen, so daß für wenige Stunden – bis zur Wiederkehr der nächsten Flut – eine Verbindung zu Fuß oder mit Pferden und Fuhrwerken möglich ist.

Neben den naturkundlichen Wattenwanderungen, die im Sommer von den Badeorten an der Nordseeküste aus veranstaltet werden, um naturinteressierten Kurgästen Einblicke in die Vielfalt des Wattengebietes zu vermitteln, gibt es auch Wanderungen vom Festlande zu Inseln und Halligen oder untereinander von Insel zu Insel. Besonders bekannt ist der Weg zwischen Cuxhaven und der Insel Neuwerk, der mit Pferdewagen befahren wird. Pferdefuhrwerke fahren auch von Nordstrand zur Hallig Südfall, während auf dem mit Stöcken markierten Wattenweg zwischen Föhr und Amrum Scharen von Kurgästen zu Fuß unterwegs sind. Letzterer ist mit täglich bis zu 500 Wanderern der am stärksten belaufene Wattenweg an der deutschen Nordseeküste. Aber auch zu etlichen Halligen besteht die Möglichkeit, diese über das Watt zu erreichen. Ebenso gibt es Verbindungswege zwischen dem Festlande und einigen ostfriesischen Inseln. Kurgäste vertrauen sich aber stets Wattenführern an, die den Weg und die Landschaftsverhältnisse kennen und die Zeit der Wanderung nach den sich täglich verändernden Gezeiten richten. Denn mancher unvorsichtige Wanderer ist hier draußen schon umgekommen, weil er den Weg verfehlte oder in die schon steigende Flut hineinlief, die den Rückweg zum Lande abschnitt. Geflutete, strömungsstarke Priele watend oder schwimmend zu überwinden, ist bisher nur wenigen gelungen. Andere sind oft in letzter Minute gerettet, weil zufällig ein Boot vorbei kam oder die Gefahr vom Lande aus beobachtet und Rettungsboot und Hubschrauber alarmiert wurden – mit einem teuren Nachspiel für die leichtsinnigen Wanderer, die den Einsatz des Hubschraubers bezahlen müssen.

Zeitungen und andere Medien berichten fast jeden Sommer von solchen dramatischen Ereignissen. Wer erinnert sich nicht an den Tod einer aus Essen stammenden Mutter und ihrer drei Kinder, die Anfang der 1970er Jahre von Cuxhaven nach Neuwerk wandern wollten, unterwegs aber von der auflaufenden Flut eingeschlossen wurden und unter furchtbaren Umständen ums Leben kamen. Nicht we-

Wattenwanderung

niger dramatisch verlief später der leichtsinnige Ausflug einer Schul-
klasse aus Kaiserslautern im ostfriesischen Wattenmeer. Alarmierte
Hubschrauber konnten von den bereits bis an den Hals im Wasser
stehenden Kindern drei nicht mehr retten. Und aus dem Sommer des
Jahres 1987 meldet ein Einsatzbericht der »Deutschen Gesellschaft
zur Rettung Schiffbrüchiger«, daß drei Wattenwanderer Ende Juni
im Watt vor der Küste von Dithmarschen im plötzlich aufkommenden Nebel die Orientierung verloren. Der dichte Nebel, wie er nach
sommerlichen Temperaturstürzen nicht selten ist, trennte auch die
Familie, Vater, Mutter und Tochter, die bald ohne Sicht- und Ruf-
kontakt im Watt unherirrten. Inzwischen lief die Flut auf, und Mutter und Tochter ließen sich instinktiv mit dem auflaufenden Wasser in
einem Priel zur Küste treiben. An Land wurden Polizei, SAR-Hubschrauber der Marine und das Rettungsboot der DGzRS alarmiert.
Zwei Stunden dauerte die Suche nach dem vermißten Vater, dann
kam endlich die erlösende Nachricht: »Wir haben den Mann!« Er
hatte sich an eine Pricke geklammert und ließ in der steigenden und

strömenden Flut die Stange nicht mehr los. Und er hatte Glück, weil die Wärme des Wassers die Unterkühlung so verzögerte, daß er noch rechtzeitig gefunden und gerettet werden konnte.

Ein besonders tragischer Vorfall ist aus der Weihnachtszeit des Jahres 1866 von der ostfriesischen Insel Baltrum überliefert. Am 23. Dezember des genannten Jahres wollte der Seefahrtsschüler Evers seine Eltern und Geschwister auf der Heimatinsel besuchen und ließ sich bei dichtem Nebelwetter von einem Zollboot mitnehmen, das eine Dienstfahrt durch das Watt machte. Der junge Mann sprang am vermeintlichen Südstrand der Insel an Land, während das Zollboot im Nu im Nebel verschwand. Es stellte sich aber heraus, daß er sich nicht am Inselstrande, sondern auf einer Sandbank befand, von der Insel durch einen unüberwindlichen Priel getrennt. Die Flut kam auf, und der unglückliche Jüngling sah den nahenden Tod vor Augen. In einem Notizbuch, das später in einer Zigarrenkiste auf Wangerooge antrieb, schrieb er den letzten Gruß an seine Familie auf Baltrum: »Liebe Mutter! Gott tröste Dich, denn Dein Sohn ist nicht mehr. Ich stehe hier und bitte Gott um Vergebung der Sünden. Seid alle gegrüßt. Ich habe das Wasser jetzt bis an die Knie und muß gleich ertrinken, denn Hilfe ist nicht mehr da. Liebe Eltern und Geschwister, ich bekomme Euch nicht wieder zu sehen und Ihr mich nicht. Ich stecke dieses Buch in meine Cigarrenkiste. Gott gebe, daß Ihr diese Zeilen erhaltet. Ich grüße Euch zum letzten Male . . .«

Im Juli des Jahres 1907 war der 37jährige Lehrer August Theede von der Hallig Nordstrandisch-Moor zum Festlande gewandert, um dort Besorgungen zu machen, trat aber zu spät den Rückweg an. Er verfehlte die Richtung und geriet in das Gebiet des »Süder-Rönnels«, wo er von der Flut eingeholt wurde und ertrank. Diese Tragödie aber hatte eine Zuschauerin gehabt – die Lehrersfrau, die mit dem Fernglas nach ihrem heimkehrenden Mann ausspähte und ohnmächtig, vor Verzweiflung gelähmt, aus der Ferne seinen Todeskampf erlebte.

Der Lehrer Theede kannte das Wattenmeer und seine Tücken nicht, aber auch landes- und wetterkundige Küstenbewohner und Insulaner holte die Flut. Im Jahre 1950 ertrank der Vogelwart von Norderoog, Jens Wand, der 40 Jahre lang in der Einsiedelei der Hallig als Wächter über tausende von Seeschwalben und Austernfischern lebte und doch auf den Watten zwischen Hooge und Norderoog sein Leben verlor.

Auch auf dem Wattenweg zwischen Föhr und Amrum haben sich im Laufe der Zeit dramatische Ereignisse abgespielt. Über 20 Menschen hat hier im Laufe der letzten 200 Jahre der nasse Tod geholt.

Am 6. Februar 1834 befand sich der Föhrer Tierarzt Volkert R. Volkerts zusammen mit zwei anderen Landsleuten zu Pferd auf dem Rückwege von Amrum nach Föhr. Sie hatten sich aber zu spät auf den Weg gemacht und die Pferde kamen nicht mehr über den Priel. Eine Umkehr war aber auch nicht mehr möglich, weil im Rücken der Reiter alle Priele bereits vollgelaufen waren. Die Reiter blieben deshalb auf dem Rücken ihrer Pferde mitten im Watt stehen, während die Flut stieg und stieg. Es war dunkel geworden und die drei Männer hatten Mühe, die ängstlich werdenden Tiere zusammenzuhalten. Plötzlich war das kleinste Pferd mit dem Tierarzt verschwunden, Roß und Reiter von der Strömung umgerissen und ertrunken. Die anderen beiden Reiter hielten sich über Wasser und konnten nach Eintritt der Ebbe das Ufer erreichen.

Um die Jahrhundertwende war ein Krämer aus Utersum von Föhr mit einem Pferdefuhrwerk auf Amrum gewesen und wurde auf der Rückfahrt von Nebel überrascht. Alle Orientierung war verloren, während die Flut aus den Prielen und über die Watten kroch. In letzter Not spannte der Krämer seine Pferde vom Wagen, setzte seine Frau, eine mitreisende Nachbarin und sich selbst auf deren Rücken und ließ den Tieren freien Lauf. Und was Menschen nicht möglich war, gelang den Pferden. Sie trabten und schwammen ohne zu zögern in die richtige Richtung und erreichten wohlbehalten den Strand.

Ein einmaliges Abenteuer aber erlebte im Januar des Jahres 1947 ein auf Amrum wohnender junger Mann, Helmut Pioch. Weil er den von Wyk nach Wittdün fahrenden Dampfer verpaßt hatte, wanderte er nach Utersum und von dort über das Watt nach Amrum. Es war zwar Nacht, aber der Mond stand klar, und greifbar nahe leuchteten die Dünen der Amrum-Odde herüber. Aber mitten auf dem Wege kam Nebel auf und nun waren weder Mond noch die Leuchtfeuer von Amrum und Hörnum zu sehen. Es gab keine Orientierung und kein Weiterkommen mehr, aber in dieser verzweifelten Situation behielt der Wanderer die Nerven. Er kratzte sich mit seinen Händen in den wenigen Stunden, die ihm bis zur Rückkehr der Flut blieben, einen Sandhügel zusammen und stellte sich darauf. Pioch hatte Glück. Es herrschte leichter Ostwind und die Flut blieb unter der normalen

Höhe. Das Wasser stieg unmittelbar unter den Rand seiner hochschäftigen Stiefel, und nach Stunden der Todesangst konnte der junge Mann sich nach Eintritt der Ebbe und bei wieder aufklarendem Wetter zu einem in der Nähe ankernden Schiff retten, wo er am nächsten Tag völlig erstarrt gefunden und geborgen wurde.

Es blieb ein einmaliger Fall. Andere, unvorsichtige oder von Flut und Nebel überraschte Wanderer kehrten nie wieder oder nur als Leichen an den Strand zurück, wie etwa eine Frau, die im Juni 1863 von Amrum nach Föhr wanderte, um beim dortigen Birkvogt die Scheidung von ihrem gewalttätigen Mann einzuklagen, oder wie zwei junge Mädchen, die im Juli 1912 von Föhr nach Amrum wollten. Und 1948 ertranken zwei Ostflüchtlinge kurz nacheinander im Watt. Sie wohnten auf Amrum und hatten auf Föhr bei Bauern Arbeit gesucht. Die Unkenntnis der Gezeitenverhältnisse und Leichtsinn führten sie in einen furchtbaren Tod.

Wattenwanderer, die von plötzlich aufkommenden Seenebeln überrascht wurden, aber das Glück hatten, daß sich der Nebel rechtzeitig wieder verzog und die Rückkehr zum Lande ermöglichte, erzählten, daß man im Kreise läuft und bald wieder auf seine eigenen Spuren im Sande stößt.

Auf manchen Wattenwegen sind Holzgestelle, ähnlich wie »Hochsitze« angebracht, auf die sich Wattenwanderer im Notfalle in Sicherheit bringen können.

Naturlandschaft in Gefahr

Nordsee und Wattenmeer haben in den letzten Jahrzehnten wie keine andere Landschaft Schlagzeilen gemacht. Bücher und Zeitschriften von Naturschutzorganisationen, Wort- und Bildberichte in Radio und Fernsehen machten auf Probleme aufmerksam, die diesen Lebensraum in vielfältiger Weise bedrohen.

Vor einem halben Jahrhundert konnte man noch in jedem Fluß und in jedem Teich bedenkenlos baden. Nur eine einzige Menschengeneration, jene der 1950–80er Jahre, hat es dann geschafft, durch industrielle Tätigkeit und die Umgestaltung der Landwirtschaft, die Lebensgrundlagen der Natur und des Menschen in weiten Bereichen in Frage zu stellen. Davon ist mittlerweile auch die scheinbar unerschöpfliche Weite der Nordsee betroffen. Die Nordsee ist zwar direkt mit dem Atlantik verbunden und wird hinsichtlich der Gezeiten von den atlantischen Strömungen tangiert. Aber ein genereller Wasseraustausch dauert drei und mehrere Jahre, so daß die in die relativ flache Nordsee gelangten Schadstoffe jahrelang ihre unheilvolle Wirksamkeit entfalten können. Endlich in die Weite des Weltmeeres gespült, sind sie dann längst durch neue Schadstoffe ersetzt.

Schadstoffe gelangen auf verschiedenen Wegen ins Meer. Die meisten Schlagzeilen werden wohl von der regelmäßig wiederkehrenden »Ölpest« ausgelöst, einer Umweltverschmutzung, die für alle deutlich sichtbar mit ihren unmittelbar Betroffenen, den verölten und sterbenden Seevögeln, Erregung und Betroffenheit auslöst. Als beispielsweise im Januar 1955 der dänische Tanker »Gerd Maersk« vor der Elbe standete, wurde er um 8 000 Tonnen Rohöl geleichtert, um wieder flott zu werden. Das in die See gepumpte Öl trieb entsprechend Wind- und Gezeitenströmung nach Norden und verursachte den Tod von mehr als einer halben Million Vögel, Taucher, Enten, Möwen, Alken. Solche und ähnliche Tankerunfälle haben sich seitdem weltweit regelmäßig wiederholt. Aber es sind nicht nur die großen Unfälle, sondern vielmehr die unzähligen kleinen Vergehen von Schiffen, die Alt- und Bilgenöle ins Meer entlassen, weil dies die billigste Art der Entsorgung ist. Auch von den Erdölbohrtürmen in der Nordsee wird immer wieder Öl durch Unfälle oder leichtfertiges Hantieren in die Nordsee gespült, und die Folge ist, daß auch ohne eine große Tankerhavarie jährlich einige zehntausend Seevögel in der Nordsee an der »Ölpest« verenden.

Öl wirkt mit seinen verschiedenen, im Wasser löslichen Giftstoffen aber auch auf Planktonpflanzen, Planktontiere, auf Bodentiere und Fische ein. Und schließlich berührt es auch unmittelbar die Haupterwerbsquelle der Insulaner und Küstenbewohner, weil Badestrände mit Ölfladen und schwarze Barfüße keine Reklame sind.

Unsichtbarer, aber nicht weniger gefährlich, sind die vielfältigen Schadstoffe, die aus den Flüssen und aus der Luft in die Nordsee transportiert werden. Ihre Menge wird allein aus den vier deutschen Flüssen Rhein, Ems, Weser und Elbe auf ca. 300 000 Tonnen im Jahr geschätzt. Weitere, wesentliche Verschmutzungen gehen von der britischen Küste aus. Aus der Luft regnen etwa zusätzlich 200 000 Tonnen in die Nordsee. Vor allem handelt es sich um Phosphate, Nitrat-Stickstoff, Zink, Chrom, Blei und andere Schwermetalle.

Eine weitere zusätzliche Giftquelle ist die sogenannte »Verklappung« von Dünnsäure und Klärschlamm mit insgesamt über 8 Millionen Tonnen aus deutschen und britischen Schiffen.

Diese Giftstoffe wirken in vielfältiger Weise auf die Flora und Fauna der Nordsee und des Wattenmeeres ein und haben stellenweise im Boden und in den Lebewesen alarmierende Konzentrationen erreicht. Immer wieder gehen Bilder von Fischen mit den sogenannten »Blumenkohl-Geschwüren« und offenen Hautwunden durch die Medien. Etliche dieser Stoffe wie beispielsweise Polychlorierte Biphenyle (PCB) sind schwer abbaubar und reichern sich im Laufe der Zeit in den Bodensedimenten in hochgiftigen Mengen an.

Eine besondere Gefahr geht auch zunehmend vom verschwenderischen Einsatz von stickstoffhaltigen Düngemitteln und phosphathaltigen Waschmitteln aus. Sie werden über die Flüsse ins Meer gespült und haben sich hinsichtlich der Menge von Anfang der 1950er Jahre an bis heute verfünffacht. Durch diese Mengen erfolgt eine Überdüngung (Hypertrophierung) der Nordsee und eine verstärkte Vermehrung der mikroskopisch kleinen Algen Phaeocytis pouchetii, die als Plankton im Meer schwimmen. Werden diese Algen im Wellengang zerschlagen, wird Eiweiß frei, das sich zu Schaum bildet. Meterhohe Schaumteppiche, wie sie in den letzten Jahren an den sommerlichen Nordseestränden typisch waren, sind völlig harmlos. Aber die Masse der absterbenden Algen verbraucht bei ihrer bakteriellen Zersetzung Sauerstoff, der den anderen Bodentieren entzogen wird. In welchem Umfange ein solcher Vorgang wirksam werden kann, bewies der Sommer 1987, als in weiten Bereichen des Kattegats

Unrat-Flutsaum

Ölpestopfer – Eiderenten

kein Leben mehr vorhanden war und alle Fische und sonstigen Bodentiere tot am Grunde lagen.

Optisch am Strande unangenehm auffallend, aber völlig harmlos, ist dagegen der Müll, der von Schiffen und Hafenstädten aus in die Nordsee gelangt. Holz, Flaschen, Plastikdosen sind keine Bedrohung für Tiere und Pflanzen, sondern stören nur als Unrat, der von den Kurverwaltungen kostspielig beseitigt werden muß.

Naturschutz und Nationalpark

Die vielfältigen Gefahren hatten und haben für die Nordsee und für das Wattenmeer einen besonders hohen Stellenwert. Beide sind Lebensraum einer Tierwelt, wie es sie in dieser Menge in kaum einer anderen Weltengegend gibt. Gerade aber diese Tiere, vom winzigen Schlickkrebs bis hinauf zum Seehund, sind die Indikatoren einer geschädigten oder intakten Umwelt. Außerdem spielen Nordsee und Wattenmeer für die menschliche Ernährung eine sehr große Rolle. Obwohl beide nur etwa ein Tausendstel der Gesamtmeeresfläche der Erde bedecken, liefern sie doch rund 5% aller Fischfänge der Welt! Schließlich ist die Nordseeküste auch allsommerlich ein bedeutender Erholungsfaktor für Millionen von Menschen aus den umweltbelasteten Atmosphären der Großstädte.

Unabhängig von den heutigen Bedrohungen, die vor dreißig, fünfzig Jahren noch ganz unbekannt waren, wurden Anfang unseres Jahrhunderts Schutzmaßnahmen, zunächst für die See- und Strandvögel, ergriffen. Überall entstanden bewachte Schutzgebiete. Dank dieser Maßnahmen sind die Seevögel in ihrem Bestande seitdem nicht mehr bedroht gewesen. Im Gegenteil – die Zahl fast aller Arten ist heute sehr viel höher als um die Jahrhundertwende, als die Seevögel von der Küstenbevölkerung noch gejagt wurden.

Anfang der 1970er Jahre wurden dann auch – zunächst als Abwehrmaßnahme gegen abenteuerliche Pläne von ortsfremden Touristenmanagern – große Teile des Wattenmeeres unter Naturschutz gestellt. Und diese Naturschutzbestrebungen mündeten Anfang der 1980er Jahre in die Diskussion über die Schaffung von Nationalparks mit einer noch strengeren Verordnung des Naturschutzes.

Die von den Landesregierungen in Niedersachsen und Schleswig-Holstein vorgelegten Pläne stießen aber zunächst auf den heftigen

Widerstand der Küsten- und Inselbevölkerung. Nationalparks sind nach internationalen Kriterien großräumige Landschaften von besonderer Eigenart, die sich in einem vom Menschen nicht oder wenig beeinflußten Zustand befinden und vornehmlich der Erhaltung einer möglichst artenreichen Pflanzen- und Tierwelt dienen. Diesen Anforderungen entsprachen die geplanten Nationalparks im Wattenmeer der deutschen Nordseeküste aber nur bedingt. Denn nicht nur waren Inseln und Halligen bewohnt und wiesen einen umfangreichen Fremdenverkehr auf, sondern wurden große Teile des Küstenraumes durch den Küstenschutz, also durch Kulturwerke, geprägt. Die Friesen fürchteten sogleich um ihre Freiheiten und legten – ob Schäfer, Fischer, Jäger, Kurgemeinden, Wattenführer, Segler – Einsprüche ein. Es gab jahrelange Diskussionen auf Versammlungen und Anhörungen. Und auch die Naturschützer waren nicht zufrieden, weil beispielsweise im Nationalpark vor der schleswig-holsteinischen Westküste in der Meldorfer Bucht die Bundeswehr weiterhin ihre Schießübungen betreiben durfte und die Fa. Texaco ihre schon vor längerer Zeit erteilte Genehmigung zum Ölbohren nahe der Vogelinsel Trischen behielt. Es war faktisch unmöglich, die widerstreitenden Interessen unter einen Hut zu bringen und deshalb beschlossen die Landtage, gegen eine verbreitete Stimmung in der Küstenbevölkerung, die Nationalparkgesetze zu verkünden. Dies geschah in Kiel am 2. Juli 1985 und in Hannover am 1. Januar 1986. Dabei wurden Kompromisse zwischen bestehenden Rechten und Belangen der Küstenbevölkerung und den Notwendigkeiten eines verstärkten Naturschutzes erzielt. Als besonders problematisch erweisen sich die Belange des Küstenschutzes, dessen Vorhaben am ehesten und gravierendsten in die Naturlandschaft eingreifen. Hier wurde aber in Hinsicht auf den Schutz der Bevölkerung hinter den Deichen des Festlandes sowie auf Inseln und Halligen festgelegt, daß notwendige Aufgaben durch den Nationalpark nicht beschränkt werden.

Schon bald beruhigten sich die Gemüter vor und hinter den Deichen und vielerorts hat der Nationalpark als Werbemittel in den Bäderprospekten Aufnahme gefunden.

Der schleswig-holsteinische Nationalpark ist 2850 Quadratkilometer groß. Das sind etwa 17% der Landfläche des nördlichsten Bundeslandes.

Die Grenze des Nationalparks beginnt jedoch erst 150 m vor Inselküsten und Deichen und nimmt damit die unmittelbare Uferzone für die traditionelle menschliche Nutzung sowie für den Küstenschutz aus. Das Gesamtgebiet ist in 3 Zonen eingeteilt. Die Zone 1 umgrenzt ökologisch besonders wertvolle Watten, die einen entsprechenden Schutzstatus erhielten. Die Zone 2, deren Grenzen noch nicht festgelegt sind und sich nach zukünftigen, praktischen Erfahrungen ausrichten, bildet den Übergang zur Zone 3. Hier sind naturverträgliche Maßnahmen zugelassen. Alle Schutzabsichten und – je nach Zone – noch mögliche Naturnutzung, sind im »Gesetz zum Schutze des schleswig-holsteinischen Wattenmeeres« vom 22. Juli 1985 erfaßt. Die Verwaltung des Nationalparks hat sich in der Hafenstadt Tönning etabliert. Um Besuchern und Küstenbewohnern die Natur des Nationalparks und die Absichten des Naturschutzes nahe zu bringen, sind in etlichen Bädern Naturschutzzentren errichtet worden.

Der Nationalpark Niedersächsisches Wattenmeer zwischen Elbe und Ems hat eine Größe von 2400 Quadratkilometern. Verwaltungssitz ist Wilhelmshaven. Auch dieser Nationalpark ist in drei Zonen unterschiedlicher Schutzverordnungen eingeteilt. Die sogenannte »Ruhezone« umfaßt 54 % der Fläche, die »Zwischenzone« 45 % und die »Erholungszone« 1 %. Bei letzterer handelt es sich um die Badestrände der Ostfriesischen Inseln und der Festlandsküste. Nur die bebauten Gebiete sind ganz aus der Nationalparkfläche herausgenommen. In der Ruhezone sind »alle Handlungen verboten, die den Nationalpark oder einzelne seiner Bestandteile zerstören, beschädigen oder verändern«. Das Betreten dieser Zone durch Wattenwanderer, Radfahrer oder Reiter ist nur auf den dafür vorgesehenen Wegen, Routen und Flächen und nur für bestimmte Zwecke erlaubt. Für die bisherige Nutzung durch Landwirtschaft, Fischerei und Jagd sind einschränkende Regelungen erlassen. Über 50 % der Salzwiesen sind bereits aus der landwirtschaftlichen Nutzung herausgenommen worden.

Jahreszeiten am Meer

Die Jahreszeiten gehen über Watt und Meer, oft ohne das eigentliche Landschaftsbild zu verändern. Nur in strengen Eiswintern, die an der Nordseeküste durch den Einfluß des Golfstromes und durch die sommerliche Wärmespeicherung im Meer aber nicht die Regel sind, bekommt diese Meereslandschaft ein neues Kleid und wird unter Eismassen verschlossen.

Jahreszeiten am Meer werden vor allem von der Vogelwelt geprägt. Bereits im Februar, wenn die Landschaft noch grau und öde unter dem kurzen Wintertag liegt und fiesige Ostwinde über die Watten streichen oder von Südwesten her Sturmwolken aufziehen, setzen Vögel erste Lebenszeichen in diese einsame Zeit. Es sind Ringelgänse, die zunächst in kleinen Trupps, dann in größer werdenden Scharen von ihren eigentlichen Winterquartieren in England und Holland zurückgekehrt sind und geschäftig über das Watt eilen, um Seegräser zu äsen oder zum Lande fliegen und sich auf den Salzwiesen der Halligen und Deichvorländer versammeln. Wochen später tauchen dann in zunehmender Zahl nordische Strandläuferarten auf und wachsen zu Scharen von mehr als zehntausend Vögeln, die im Watt rasten und Nahrung suchen. Besonders eindrucksvoll erscheinen die Vogelmassen, wenn sie von der auflaufenden Flut zum Lande getrieben werden und schließlich zu regelrechten »Wolken« über dem Watt aufsteigen und ihre seltsamen Flugspiele zeigen. Im April und Mai eilen diese nordischen Standläuferarten weiter zu ihren Brutplätzen in der Einsamkeit der skandinavischen und sibirischen Tundren – wenig später gefolgt von den Ringelgänsen, während längst die einheimischen Vögel, Möwen, Austernfischer, Rotschenkel, Brandgänse und andere mit der nun beginnenden Brutzeit das Kommando übernommen haben und mit ihren Stimmen und Gestalten Luft und Landschaft beleben.

Vögel riefen den Frühling in das Watt. Aber Blumen lassen noch lange auf sich warten. Immer wieder streichen kalte Nord- und Nordostwinde über diese Landschaft am Meer, und erst gegen Ende Mai blühen im Salzgras die unzähligen weißen Köpfchen des Löffelkrautes. Aber es dauert dann, ehe sich andere dazu gesellen, bis endlich im Hochsommer Vorländer und Salzwiesen mit Strandaster, Strandbeifuß und Strandflieder als die auffälligsten Vertreter der Salzflora geschmückt sind.

Wattenlandschaft im Frühling

Charakteristisch für den Frühling am Meer sind aber auch die aus dem Winterquartier hinausgetriebenen Schafe mit ihren nun wochen- oder monatealten Lämmern. Wie weiße Punkte bewegen sich die Herden auf dem Vorlande und auf den Deichen grasend hin und her.

Windstille Tage sind selten am Meer. Im Sommer aber gibt es sie dann und wann, vor allem wenn ein Hoch über Nordosteuropa liegt und sich ein wolkenloser Himmel über Deiche, Watt und Inseln wölbt. Der Horizont beginnt in der Wärme zu flimmern und die Warften der Halligen heben sich wie eine Fata Morgana in die Luft. Segelschiffe stehen scheinbar still und von weither wird in der Windstille das Tuckern der Krabbenkutter über die bleierne See getragen. Unwirklich groß erscheinen die auf dem Wasser schwimmenden Möwen. Schon auf dem Höhepunkt des Sommers aber, während noch an allen Badestränden fröhliches Leben herrscht, mischen sich erste Stimmen des Herbstes in die Landschaft: Küsten- und Brandseeschwalben, sind mit ihren gerade flügge gewordenen Jungen

Winter im Watt

schon in Richtung Süden unterwegs und wenig später erscheinen auch schon die ersten nordischen Limikolen.

Der Herbst ist die Zeit des Windes. Von Westen und Nordwesten ziehen nordatlantische Tiefs auf und treiben Wolken vor sich her. Um diese Zeit zeigt sich die Meereslandschaft von ihrer schönsten Seite – weißschäumende Sturmflutbrandung an Strand und Deich, das Spiel des Sonnenlichtes zwischen den aufreißenden und sich wieder zusammenschließenden Wolken. Das Winterhalbjahr bleibt dann oft eine Zeit der Westwindstürme, die sich gelegentlich zu Orkanfluten steigern und eine Spur von Zerstörungen an Deichen, Dünen und Küstenschutzwerken hinterlassen.

Eiswinter sind – wie gesagt – seltener am Meer. Frühestens im Januar-Februar setzen sich skandinavische Hochs mit Kaltluft gegen die warmen atlantischen Tiefs durch. Kalter Ostwind weht nun über das Watt und bald bilden sich überall kleine Eisschollen, die mit Ebbe und Flut hin- und hertreiben. Dauert der Frost, wachsen die Schollen zu unübersehbaren Eisfeldern heran, und am Ufer türmen sich regelrechte Eisberge auf.

Literatur-Auswahl

Abrahamse/Joenje/Van Leeuwen-Selt: Wattenmeer – Neumünster 1976

Busching/Luck/Temme: Wanderungen auf Norderney – Flensburg 1970

Detlefsen, Gerd Uwe: Krabben, Garnelen, Granate – Husum 1985

Eberhard/Behrends: Der Seehund im Wattenmeer – Worpswede 1984

Frank-Gerhard: Naturraum Wattenmeer – München 1981

Güntherroth, Horst: Die Nordsee – Hamburg 1986

Kock, Klaus: Das Watt – Heide 1985

Kuke, Herbert: Kurs Helgoland – Oldenburg 1974

Lang, A. W.: Geschichte des Seezeichenwesens – Bonn 1965

Lemke, Wilhelm: Die Vögel Neuwerks – Cuxhaven 1982

Maier, Dieter: Die Nordsee – Luzern 1986

Meyer, Otto G.: Trischen – die wandernde Insel – Heide 1962

MELF-Kiel: Nationalpark Schleswig-Holst. Wattenmeer – Kiel 1985

Prigge, Hinrich: Farbiges Helgoland – Flensburg o.D.

Quedens, Geog: Strand und Wattenmeer – München 1984

ders., Vögel der Nordsee – Breklum 1976/86

ders., Nordsee-Mordsee – Breklum 1978/86

ders., Die Halligen – Breklum 1975/86

ders., Die Vogelwelt der Insel Amrum – Hamburg 1983

Rudat, Klaus: Bernstein – ein Schatz unserer Küste – Husum 1985

Schutzgem. Deutsche Nordsee: Saubere Nordsee zum Leben – Aurich 1982

Woebcken, Carl: Deiche und Sturmfluten – Bremen-Wilhelmsh. 1924

Zylmann, Peter: Baltrum – Norden 1949